utb 3878

Eine Arbeitsgemeinschaft der Verlage

Böhlau Verlag · Wien · Köln · Weimar
Verlag Barbara Budrich · Opladen · Toronto
facultas · Wien
Wilhelm Fink · Paderborn
Narr Francke Attempto Verlag / expert Verlag · Tübingen
Haupt Verlag · Bern
Verlag Julius Klinkhardt · Bad Heilbrunn
Mohr Siebeck · Tübingen
Ernst Reinhardt Verlag · München
Ferdinand Schöningh · Paderborn
transcript Verlag · Bielefeld
Eugen Ulmer Verlag · Stuttgart
UVK Verlag · München
Vandenhoeck & Ruprecht · Göttingen
Waxmann · Münster · New York
wbv Publikation · Bielefeld

Tatjana Spaeth · Margarete Imhof · Christine Eckert

Bachelorarbeit in Psychologie

Mit 10 Abbildungen und 7 Tabellen

Mit Online-Material

2., aktualisierte Auflage

Ernst Reinhardt Verlag München

Dr. *Tatjana Spaeth* leitet das Zentrum für Lehrentwicklung an der Universität Ulm.

Prof. Dr. *Margarete Imhof* lehrt Psychologie in den Bildungswissenschaften an der Universität Mainz.

Dr. *Christine Eckert* lehrt Psychologie in den Bildungswissenschaften an der Universität des Saarlandes.

Bibliografische Information der Deutschen Nationalbibliothek

Die Deutsche Nationalbibliothek verzeichnet diese Publikation in der Deutschen Nationalbibliografie; detaillierte bibliografische Daten sind im Internet über <http://dnb.d-nb.de> abrufbar.

ISBN 978-3-8252-5483-4 (Print)
ISBN 978-3-8385-5483-9 (PDF-E-Book)
ISBN 978-3-8463-5483-4 (EPUB)
2., aktualisierte Auflage

© 2020 by Ernst Reinhardt, GmbH & Co KG, Verlag, München

Dieses Werk einschließlich seiner Teile ist urheberrechtlich geschützt. Jede Verwertung außerhalb der engen Grenzen des Urheberrechtsgesetzes ist ohne schriftliche Zustimmung der Ernst Reinhardt, GmbH & Co KG, München, unzulässig und strafbar. Das gilt insbesondere für Vervielfältigungen, Übersetzungen in andere Sprachen, Mikroverfilmungen und die Einspeicherung und Verarbeitung in elektronischen Systemen.

Printed in EU
Einbandgestaltung: Atelier Reichert, Stuttgart
Covermotiv: © Gina Sanders, fotolia.com. Agenturfoto. Mit Model gestellt.
Satz: ew print & medien service gmbh, Würzburg

Ernst Reinhardt Verlag, Kemnatenstr. 46, D-80639 München
Net: www.reinhardt-verlag.de E-Mail: info@reinhardt-verlag.de

Inhalt

1 Die Bachelorarbeit 9
1.1 Psychologie als Wissenschaft 10
1.2 Wissenschaftlich arbeiten: Was bedeutet das? 14
1.3 Aufbau der Bachelorarbeit 16
1.4 Drei Beispiele für Bachelorarbeiten 19
1.4.1 Lernen mit Podcasts 20
1.4.2 Experimente im Chemieunterricht 21
1.4.3 Wahrnehmung von Unterrichtsstörungen 22

2 Die Fragestellung: Dreh- und Angelpunkt der Bachelorarbeit 24
2.1 Die Bedeutung der Forschungsfrage für die Bachelorarbeit 25
2.2 Von der Alltagsvermutung zur wissenschaftlichen Fragestellung 26
2.3 Von der Forschungsfrage zu den Hypothesen 28
2.4 Und wie geht's weiter? Der wissenschaftliche Prozess ... 30

3 Literatur! Die theoretische Einbettung der Forschungsfrage 32
3.1 Die Einleitung: Was ist denn eigentlich das Problem? ... 32
3.2 Was gehört in den Theorieteil? 35
3.3 Exkurs: Literaturrecherche 37
3.3.1 Wo recherchieren? 38
3.3.2 Wie recherchieren? 40
3.4 Korrektes Zitieren in der Psychologie 45
3.4.1 Quellenhinweise im Text 46
3.4.2 Quellenhinweise im Literaturverzeichnis 48

4 Und *wie* jetzt? Methoden und Versuchspläne 53

- 4.1 Wie kommt man zu den Informationen im Methodenteil? Stichwort: Versuchsplanung 54
- 4.1.1 Echte Experimente, Quasiexperimente und Korrelationsstudien 54
- 4.1.2 Unabhängige Variablen, abhängige Variablen und Störvariablen 64
- 4.1.3 Operationalisierung von Variablen 67
- 4.1.4 Gütekriterien einer wissenschaftlichen Untersuchung... 69
- 4.1.5 Was sollte man außerdem noch beachten? Ethische Grundsätze für empirische Untersuchungen ... 75
- 4.2 Die Überschriften im Methodenteil 76
- 4.2.1 Stichprobe und Design 76
- 4.2.2 Material 77
- 4.2.3 Ablauf 77
- 4.2.4 Kodierungen 77

5 Ergebnisse: Was kam raus? 79

- 5.1 Ein paar Grundregeln zum Schreiben des Ergebnisteils 80
- 5.2 Deskriptive Statistik: Daten beschreiben 81
- 5.2.1 Mittelwert und Standardabweichung 81
- 5.2.2 Range, Ausreißer, Decken- und Bodeneffekte 86
- 5.3 Inferenzstatistik: Schlussfolgerungen aus Daten ziehen 87
- 5.3.1 Signifikanz: Wie wahrscheinlich ist der Zufall? 87
- 5.3.2 Korrelation: Je mehr/weniger ... desto mehr/weniger ... 89
- 5.3.3 *t*-Test: Unterschiede zwischen zwei Gruppen oder zwei Messzeitpunkten 92
- 5.3.4 Varianzanalyse: Unterschiede zwischen zwei oder mehreren Gruppen 94
- 5.3.5 Weitere statistische Tests 95

6 Diskussion: Ergebnisse erklären und in den wissenschaftlichen Diskurs einbringen 97

- 6.1 Welche Ziele hat der Diskussionsteil? 98
- 6.2 Wie schreiben Sie eine gute Diskussion? 99

7	**Systematische und narrative Reviews**	104
7.1	Systematische vs. narrative Reviews	106
7.2	Welche neuen Erkenntnisse kann man in einem Review gewinnen? Typische Fragestellungen	108
7.2.1	Welche Informationen werden ausgewertet?	108
7.2.2	Was soll mit dem Review bezweckt werden?	110
7.2.3	Wie positioniert sich der Autor/die Autorin?	111
7.2.4	Welche Bandbreite an Literatur wird berücksichtigt?	112
7.2.5	Wie ist der Text organisiert?	112
7.2.6	Für welche Zielgruppe ist der Text geschrieben?	113
7.3	Strategien für das Anfertigen von Reviews	114
7.4	Aufbau eines systematischen Reviews	116
8	**Tipps zum Schluss: So klappt das Schreiben!**	120
8.1	Tipps zum Schreiben guter wissenschaftlicher Texte	121
8.1.1	Was Sie schreiben: Text-Tipps	121
8.1.2	Wie Sie schreiben: Stil-Tipps	127
8.1.3	Was Sie mit dem, was Sie geschrieben haben, machen: Überarbeitungs-Tipps	132
8.2	Tipps für die Besprechungen mit Ihrer Betreuerin	136
8.3	Tipps zum Zeit- und Selbstmanagement	138
8.3.1	Die Grobplanung	139
8.3.2	Von SMARTen Zielen, Schreib-Stundenplänen und typischen Hindernissen	142

Literatur 146

Sachregister 149

Das Online-Material zu diesem Buch finden Sie auf den Homepages des Ernst Reinhardt Verlages und der UTB GmbH bei der Darstellung dieses Titels (Download unter: www. reinhardt-verlag.de und www.utb.de).

Hinweise zur Benutzung dieses Lehrbuches

Zur schnelleren Orientierung werden in den Randspalten Piktogramme benutzt, die folgende Bedeutung haben:

Definition

Literaturempfehlung

Merksatz

Übungsaufgabe

Beispiel

Online-Material

1 Die Bachelorarbeit

Mit der Bachelorarbeit schließen Sie Ihr Bachelorstudium ab. Sie stellt also einen wichtigen und bedeutsamen Schritt in Ihrer studentischen Karriere dar. Nach einem Beschluss der Kultusministerkonferenz vom 10. Oktober 2003 dürfen Universitäten in ihren Prüfungsordnungen für Bachelorstudiengänge zwischen 6 und 12 ECTS-Punkte vergeben – der Arbeitsaufwand für die Anfertigung der Bachelorarbeit wird damit also mit 180–360 Stunden kalkuliert! In dieser Zeit sollen Sie zeigen, dass Sie in der Lage sind, eine Aufgabenstellung eigenständig durch wissenschaftliche Vorgehensweise zu lösen. Mit diesem Buch möchten wir Ihnen dabei helfen, sich auf die Aufgabe, eine Bachelorarbeit in der Psychologie anzufertigen, vorzubereiten und Sie dabei unterstützen, diese Aufgabe erfolgreich zu meistern.

Dabei richten wir uns mit diesem Werk insbesondere auch an Studierende mit Nebenfach Psychologie. Als Hauptfachstudierende mögen Ihnen daher die Informationen an der einen oder anderen Stelle sehr basal oder selbstverständlich vorkommen, da sie im Curriculum des Psychologiestudiums ihren festen Platz haben. Wir hoffen jedoch, auch Sie mit diesem Werk beim Anfertigen Ihrer Bachelorarbeit erfolgreich unterstützen zu können.

Dieses Buch führt Sie Schritt für Schritt durch die Phasen der Arbeit. Wir weisen Sie an geeigneten Stellen auf zusätzliche Materialien hin, die online verfügbar sind und die Sie dabei unterstützen, Ihr Wissen zu überprüfen, die Vorgehensweisen und Konventionen einzuüben, Ihre Schreibarbeit zu organisieren und Ihre Motivation zu stärken. Schauen Sie dort je nach Bedarf rein.

Nach diesem Kapitel ...
... wissen Sie, welche Bandbreite an Forschungsthemen in der Psychologie denkbar sind.
... können Sie die wissenschaftliche Vorgehensweise in der Psychologie von der alltagspsychologischen Herangehensweise an Probleme unterscheiden.
... kennen Sie verschiedene Arten psychologischer Bachelorarbeiten.

> ... wissen Sie, wo Sie in diesem Buch und über weitere Quellen die wichtigsten Informationen für Ihre Bachelorarbeit finden.
> ... wissen Sie, wo Sie Unterstützung zur Planung, Durchführung und Organisation Ihrer Bachelorarbeit finden.

1.1 Psychologie als Wissenschaft

Couch? Bei Psychologie denken die meisten Menschen sofort an kranke Menschen oder „Irre";-). Die Psychologie wird als eine Art Medizin für geistige und seelische Störungen betrachtet und dabei darf in der Vorstellung auch die Couch als ultimatives Therapiegerät nicht fehlen. Doch Psychologie ist mehr:

> Die Psychologie ist die Wissenschaft vom Verhalten, Denken und Erleben von Menschen.

Die Klinische Psychologie und Psychotherapie als Teildisziplin des Fachs ist dabei tatsächlich ein sehr großer Teilbereich, der innerhalb der Deutschen Gesellschaft für Psychologie (DGPs), der Vereinigung der in Forschung und Lehre tätigen Psychologinnen und Psychologen im deutschsprachigen Raum, die meisten Mitglieder hat.

> Die Klinische Psychologie und Psychotherapie untersucht Ursachen und Bedingungen für Verhalten und Erleben, das außerhalb der Norm liegt und wie dieses durch therapeutische Maßnahmen und Interventionen günstig beeinflusst werden kann.

In der Summe weitaus größer ist jedoch die Anzahl der DGPs-Mitglieder, die sich in den anderen Teildisziplinen der Psychologie mit dem Verhalten, Denken und Erleben von Menschen beschäftigen. Die verschiedenen psychologischen Teildisziplinen zeigen sehr gut die große Bandbreite an Forschungsgebieten und -fragen auf, die in der Psychologie untersucht werden. Die Grundlagenfächer der Psychologie möchten dabei grundlegende Erkenntnisse gewinnen:

Grundlagenfächer
- Allgemeine Psychologie: Ziel ist, Erkenntnisse über grundlegende Prozesse der Wahrnehmung, Aufmerksamkeit, des

Denkens, Sprechens, Lernens, Gedächtnisses, der Motivation und der Emotion zu gewinnen. Forschungsfragen, die in der Allgemeinen Psychologie untersucht werden, sind z. B. wie der Kontext die Gesichtererkennung beeinflusst (Meinhardt-Injac, Persike & Meinhardt, 2011).

- Biologische Psychologie und Neuropsychologie: Ziel dieses Grundlagenfachs ist es, die anatomischen, physiologischen und neuronalen Grundlagen und Bedingungen menschlichen Erlebens und Verhaltens zu untersuchen, also z. b. die Frage, welche Bereiche des Gehirns für bestimmte Aufgaben aktiv sind und wie das Gehirn bewegte Bilder verarbeitet (Berti, Haycock, Adler & Keshavarz, 2019).
- Differentielle Psychologie, Persönlichkeitspsychologie und psychologische Diagnostik: Diese Teildisziplin untersucht die individuellen Unterschiede und inwieweit diese durch relativ überdauernde Merkmale der Persönlichkeit erklärt werden können. Eine wichtige Frage ist dabei, wie diese Unterschiede gemessen werden können, wie kann z. B. ein Konstrukt wie Intelligenz oder Gewissenhaftigkeit messbar gemacht werden? Forschungsarbeiten aus dieser Teildisziplin untersuchen beispielsweise den Zusammenhang von Persönlichkeitsmerkmalen, Lernverhalten und Erfolg in Schule und Hochschule (z. B. Imhof & Spaeth-Hilbert, 2013; Spinath, Eckert & Steinmayr, 2014; Theobald, Bellhäuser & Imhof, 2018).
- Entwicklungspsychologie: Im Fokus stehen in dieser Teildisziplin Veränderungsprozesse über die Lebensspanne, also von der Zeugung bis zum Tod und wie sich in der Entwicklung das Erleben, Verhalten und Denken von Menschen verändern. Ein Beispiel für eine Forschungsfrage aus diesem Gebiet ist, wie Säuglinge lernen, Gesichter zu unterscheiden (Altvater-Mackensen, Jessen & Grossmann, 2017) oder ob bzw. wie sich die Wahrnehmung von Gesichtern über die Lebensspanne ändert (Meinhardt-Injac, Boutet, Persike, Meinhardt & Imhof, 2017).
- Sozialpsychologie: Diese psychologische Teildisziplin untersucht, wie das Verhalten, Erleben und Urteilen von Menschen durch den sozialen Kontext beeinflusst wird. Aus dieser Perspektive wird beispielsweise untersucht, wie Gruppen effektiv zusammenarbeiten (Borsch, 2005).

Die Anwendungsfächer der Psychologie nutzen die Erkenntnisse der Grundlagenfächer in spezifischen Kontexten: **psychologische Anwendungsfächer**

- Arbeits-, Organisations- und Wirtschaftspsychologie: Dieses Anwendungsfach untersucht die Wechselbeziehungen zwischen Arbeits- und Organisationsbedingungen und menschlichem Erleben und Verhalten.
- Gesundheitspsychologie: Diese relativ junge psychologische Teildisziplin untersucht, welche Einflussfaktoren es auf die körperliche und seelische Gesundheit gibt. Eine aktuelle Frage aus diesem Bereich ist beispielsweise, inwieweit und wodurch Lehrerinnen und Lehrer Stressbelastung erleben und wie sie damit im Vergleich zu anderen Berufsgruppen dastehen (Schult, Münzer-Schrobildgen & Sparfeldt, 2014).
- Klinische Psychologie und Psychotherapie: Diese Teildisziplin haben wir ja oben bereits kurz beschrieben – meist denken Menschen vor allem an die Klinische Psychologie, wenn sie den Begriff Psychologie hören. Aktuell sind aber auch Themen wie Internet- oder Smartphone-Sucht (Duke & Montag, 2017).
- Medienpsychologie: Diese Teildisziplin untersucht menschliches Erleben und Verhalten im Zusammenhang mit der Nutzung von Medien. Eine aktuelle Forschungsfrage aus diesem Teilgebiet befasst sich mit der Effektivität von virtuellen Lernumgebungen (Makransky, Terkildsen & Mayer, 2019). Hilbert und Terrero (2012) untersuchten, wie gut Studierende aus Vorlesungsaufzeichnungen im Vergleich zur Präsenzvorlesung lernen können.
- Pädagogische Psychologie: Im Fokus dieser Teildisziplin stehen Kompetenzen, Fertigkeiten, Überzeugungssysteme und Werthaltungen, die durch pädagogische Maßnahmen beeinflusst werden können. Es geht also um das Lehren und Lernen im weitesten Sinne. Die Autorinnen dieses Buchs ordnen sich dieser Teildisziplin zu, weshalb auch viele Beispiele aus der Pädagogischen Psychologie kommen. Ein aktuell diskutiertes Thema in dieser Teildisziplin ist z. B., ob psychologische Kriterien für die Zusammenstellung von Lerngruppen Vorteile bringen (Bellhäuser, Konert, Müller & Röpke, 2018).
- Rechtspsychologie: In dieser Teildisziplin der Psychologie wird die Anwendung psychologischer Theorien, Methoden und Erkenntnisse auf Fragestellungen, die sich aus der Gestaltung und Anwendung des Rechts ergeben, untersucht (Goeckenjan & Oeberst, 2016).
- Umweltpsychologie: In der Umweltpsychologie geht es um die Einstellungen von Menschen zur Umwelt, wie und warum

verhalten sich Menschen umweltbewusst, was denken sie über Umweltbelange?
- Verkehrspsychologie: Die Verkehrspsychologie untersucht den Menschen im Zusammenhang mit Mobilitätsfragen, aber auch hinsichtlich Verkehrstüchtigkeit und Verhalten im Verkehr (Labrie, Napper & Ghaidarov, 2012; Sullman, 2012).

Schließlich gibt es in der DGPs noch die Fachgruppe Geschichte der Psychologie, die die Entwicklung der Psychologie als eigenständige Wissenschaft nachvollzieht sowie die Methodenfächer (Fachgruppe Methoden & Evaluation der DGPs), die sich mit den Instrumenten der Erkenntnisgewinnung innerhalb der Psychologie beschäftigen.

Für die Grundlagen- und Anwendungsfächer benötigen Forscherinnen und Forscher die Erkenntnisse dieser Methodenfächer, um Daten zu ihren Forschungsgegenständen zu erheben und auszuwerten, um Untersuchungen zu planen und um interpretieren zu können, inwieweit die gewonnenen Erkenntnisse verallgemeinert werden können.

Die Psychologie versteht sich als eine streng empirische Wissenschaft, deshalb kommt den Methodenfächern eine ganz besonders wichtige Rolle zu.

empirische Wissenschaft

Empirisch bedeutet, dass Erkenntnisse aus systematisch gewonnenen Erfahrungen (Daten) abgeleitet werden.

Die Methoden müssen hierfür wichtige Anforderungen erfüllen: (1) Sie müssen objektiv, also unabhängig von der Person oder den Personen sein, die die Daten sammeln und auswerten. (2) Sie müssen wiederholt anwendbar sein und (3) sie müssen nachweislich geeignet sein, den Gegenstand zu erfassen. Diese Anforderung kann nur durch eine systematische Planung und auch Dokumentation erfüllt werden. Die verwendeten Methoden folgen dabei naturwissenschaftlichen und auch sozialwissenschaftlichen Ansätzen. Vorherrschend sind quantitative Methoden, die sich auf Messungen und Skalierungen beziehen. Qualitative Forschung gibt es zu psychologischen Fragestellungen zwar auch, jedoch begegnet man dieser seltener. Mit welcher Methode auch immer: Es ist sehr wahrscheinlich, dass auch Sie in Ihrer Bachelorarbeit empirisch forschen, also wissenschaftlich und strukturiert vorgehen, um Erkenntnisse zu gewinnen. Aber was bedeutet wissenschaftlich arbeiten überhaupt?

1.2 Wissenschaftlich arbeiten: Was bedeutet das?

Wie wir bereits festgestellt haben, ist die Psychologie eine empirische Wissenschaft und erfordert deshalb eine systematische Vorgehensweise, die gut dokumentiert werden muss. Die wissenschaftliche Psychologie grenzt sich hier klar von der Alltagspsychologie ab.

Alltagspsychologie — Die Alltagspsychologie ist kein Teilgebiet der Psychologie. Gemeint sind damit die Erklärungen und Theorien, die Menschen zu ihrem eigenen Verhalten und dem ihrer Mitmenschen aufstellen. Das spiegelt sich in Sprichwörtern wider, wie z. B. „Wie man in den Wald ruft, so schallt es heraus", mit dem erklärt wird, dass das Verhalten gegenüber anderen Personen dazu führen kann, dass sie sich entweder genauso nett verhalten oder aber genauso gemein wie ihr Gegenüber. Allgemein könnte man auch sagen, die Alltagspsychologie ist der gesunde Menschenverstand. Unsere alltagspsychologischen Kenntnisse erlauben uns häufig, uns richtig zu entscheiden und korrekte Vorhersagen zu treffen, wie sich andere Menschen verhalten werden. Warum brauchen wir aber noch eine wissenschaftliche Psychologie, wenn die Alltagspsychologie doch häufig funktioniert?

Die Alltagspsychologie basiert auf den Erfahrungen, die wir im Laufe unseres Lebens machen, auf dem, was wir von unseren Eltern, Lehrerinnen und Lehrern, Freunden oder anderen Personen lernen und auch auf unseren stellvertretenden Erfahrungen, die wir über Medien wie z. B. TV und Bücher machen. Schauen wir uns die Sprichwörter noch einmal an, sieht man schnell, dass sich diese teilweise auch widersprechen: „Was Hänschen nicht lernt, lernt Hans nimmermehr" kontradiktiert z. B. das ebenfalls bekannte „Man lernt nie aus". Als Quelle für Entscheidungen und Erklärungen dienen Alltagsweisheiten also nur bedingt. Auch unsere eigenen Erfahrungen – oder die unserer Eltern oder TV-Helden – müssen nicht unbedingt dem entsprechen, was typisch ist.

Stellen Sie sich z. B. vor, ein Mensch hat im Jugendalter schlechte Erfahrungen mit einer unfreundlichen Person aus dem Schwäbischen (oder aus dem Sächsischen, Friesischen, mit blauen/grünen/braunen Augen, schwarzen/roten/blonden Haaren …) gemacht. Aus dieser Erfahrung leitet er die Theorie ab, dass alle Schwaben unfreundliche Menschen sind, denen man besser nicht vertrauen sollte. Obwohl ein für ihn spannender Studiengang nur an der Universität Ulm angeboten wird, entscheidet er sich deshalb für ein anderes Studienfach, Personen mit schwäbischem Dialekt gegenüber verhält er sich sehr vorsichtig und reserviert (weshalb diese denken, er wäre ein komischer Eigenbrötler und ihm eher aus dem Weg gehen) und als ihm später ein lukrativer Job in Stuttgart angeboten wird, lehnt er lieber ab, da er nicht zwischen lauter Schwaben wohnen möchte. Wenn Sie selbst Schwabe bzw. Schwäbin sind oder schwäbische Freunde haben, werden Sie jetzt vielleicht gleich sagen: „Moment mal, was soll das denn, das ist ja alles falsch, und die Schwaben sind eigentlich total nett!" Wahrscheinlich ist, dass die Schwaben weder netter noch weniger nett sind als Bayern, Friesen oder Sachsen. Aber nur aufgrund der schlechten Erfahrungen, die unser Beispielmensch gemacht hatte, und die er alltagspsychologisch als im Wesen der „gemeinen" Schwaben an sich begründet erklärt hatte, nimmt er sich die Chance, ein spannendes Studienfach zu studieren und einen guten Job anzutreten. Er gibt sich nicht einmal die Chance, seinen schlechten ersten Eindruck durch den Kontakt mit anderen Schwaben zu revidieren.

B

Wir sehen also, die eigene Erfahrung und Einzelbeispiele sind nicht unbedingt die zuverlässigste Quelle für gesicherte Theorien. Die Erfahrungen täuschen uns häufig falsche Tatsachen vor, die Datenbasis ist sehr selektiv und lückenhaft, und bei Beobachtungen und Schlussfolgerungen können uns leicht Fehler unterlaufen. Die Erfahrung als Quelle für Erkenntnisse ist außerdem anfällig für Selbsttäuschungen. In dem Beispiel war der Mensch schon so voreingenommen, wenn ihm andere Schwaben begegneten, dass er sich ihnen gegenüber misstrauisch und wortkarg gezeigt hat. Sie bestätigten seine Vorurteile, indem sie irritiert oder reserviert auf sein Verhalten reagierten.

Im Gegensatz zur Alltagspsychologie, die Beispiele und Erfahrungen (mehr oder weniger) plausibel interpretiert, ist es die Aufgabe der wissenschaftlichen Psychologie, möglichst zuverlässige und gültige Erkenntnisse zum menschlichen Erleben und Verhalten, wie es sich verändert und wodurch es beeinflusst ist, zu gewinnen. Das geht durch die angemessene Beschreibung, durch das Absichern mit geplanten und geeigneten Messungen. *Tabelle 1.1* fasst die wichtigsten Unterschiede zwischen der Alltagspsychologie, die wir alle täglich in unserem Leben verwenden, und der wissenschaftlichen Psychologie, die gesicherte Erkenntnisse gewinnen möchte, zusammen.

wissenschaftliche Psychologie

Tabelle 1.1
Die wichtigsten Unterschiede zwischen Alltagspsychologie und Wissenschaftlicher Psychologie

Alltagspsychologie	Wissenschaftliche Psychologie
Datenbasis sind zufällige Ereignisse.	Datenbasis sind dokumentierte und wiederholbare Erhebungen.
Theorien sind nicht oder nur schlecht überprüfbar und wiederholbar.	Theorien sind in der Realität mit wissenschaftlichen Methoden überprüfbar.
Subjektiv geprägte und damit je nach „Alltagspsychologen" unterschiedliche Interpretationen.	Objektive Aussagen: Bei gleichem Sachverhalt unter gleichen Bedingungen kommen verschiedene Forscher aufgrund wissenschaftlicher Regeln zur gleichen Erkenntnis.
Dient der Orientierung, erlaubt rasche Entscheidungen in alltagsweltlichen Situationen und vermittelt Handlungs- und Verhaltenssicherheit.	Dient der Gewinnung von verallgemeinerbaren und gesicherten Kenntnissen über das menschliche Denken, Wahrnehmen und Verhalten.

Im Online-Material können Sie Ihr Verständnis prüfen (Quiz 1).

Bachelorarbeit Für Ihre Bachelorarbeit können Sie aus diesem Vergleich ableiten, dass in der wissenschaftlichen Psychologie Meinungen und eigene Erfahrungen sowie der gesunde Menschenverstand und plausible Schlussfolgerungen weniger zählen. Wichtig ist es, systematisch Erkenntnisse zu gewinnen und aus diesen Theorien abzuleiten. Dies spiegelt sich auch in der Struktur der Bachelorarbeit wider, die wir im folgenden Abschnitt näher beleuchten.

1.3 Aufbau der Bachelorarbeit

DGPs und APA In der Psychologie haben sich nicht nur für Forschungsarbeiten an sich, sondern auch für die schriftliche Präsentation dieser Arbeiten Normen herausgebildet. Nachlesen kann man diese z. B. im *Publication Manual of the American Psychological Association* (2020) und den daraus abgeleiteten *Richtlinien für die Manuskriptgestaltung* (Deutsche Gesellschaft für Psychologie, 2019). Mit Ihrer Bachelorarbeit in der Psychologie sollten Sie natürlich auch diesen Normen folgen. Deshalb gleicht der Aufbau einer empirischen psychologischen Bachelorarbeit in der Regel dem Aufbau eines Artikels in einer psychologischen Zeitschrift wie z. B. der *Zeitschrift für Psychologie* und *Psychologie in Erziehung und Unterricht* oder auch internationale Zeitschriften wie *Learning and Instruction, Cognitive Science* oder *The Annual Review of Psychology*. Da die Bachelorarbeit einem psychologischen Zeitschriftenartikel sehr ähnlich gestaltet ist, sind sie für Sie natürlich auch sehr gute Beispiele, an denen Sie sich orientieren können!

Wenn Sie in psychologische Zeitschriften hineinschauen, sehen Sie auch, dass es im Wesentlichen zwei Möglichkeiten gibt, psychologische Erkenntnisse wissenschaftlich herzuleiten:

1 **Empirische Arbeiten**, also Primärstudien, berichten, auf welcher theoretischen Grundlage und mit welcher Methodik Daten zu einer bestimmten Fragestellung erhoben wurden und welchen Beitrag die Datenerhebung und -auswertung für Theorie und Praxis geleistet haben. Für eine empirische Bachelorarbeit untersuchen Sie eine wissenschaftliche Fragestellung mit empirischen Methoden. Dazu gehört, dass Sie die existierende Literatur, die mit dem Thema zusammenhängt, aufbereiten, eine oder mehrere präzise wissenschaftliche Forschungsfragen aus der Theorie ableiten und geeignete Methoden zur Untersuchung der Forschungsfragen einsetzen. Die Ergebnisse der Untersuchung werden zunächst wertfrei dargestellt und schließlich unter Einbezug der Theorie erklärt und diskutiert.

2 **Systematische oder narrative Reviews** betrachten Primärstudien zu einer bestimmten Fragestellung und geben einen Überblick über die Ergebnisse, um neue Erkenntnisse abzuleiten. Bei einem systematischen Review werden mehrere Forschungsarbeiten zu einem Thema nach zuvor festgelegten Methoden ausgewählt, systematisch miteinander verglichen und bewertet. Diese Arbeiten stellen den Forschungsstand zu einem Thema zusammenfassend dar und identifizieren weiteren Forschungsbedarf (z. B. Sweller, Van Merriënboer & Paas, 2019). Zu den systematischen Reviews gehören auch Metaanalysen, die mehrere Primärstudien zusammenfassend mit statistischen Methoden untersuchen (z. B. Dignath, Büttner & Langfeldt, 2008; Hattie, 2011). Ein narrativer Review gibt einen Überblick über einen bestimmten Forschungsbereich, die Auswahl der herangezogenen Arbeiten erfolgt jedoch in der Regel unsystematischer.

Herangehensweisen

In Gesprächen mit Kolleginnen und Kollegen, die Bachelorarbeiten in Psychologie betreuen sowie durch eine Suche auf den Webseiten psychologischer Institute, zeigte sich, dass diese beiden Arten von Forschungsarbeiten am häufigsten angeboten und betreut werden. Etwas seltener werden auch zwei weitere Arten wissenschaftlicher Arbeiten angeboten und betreut:

3 **Projektdesigns** schlagen empirische Methoden zur Erforschung einer Fragestellung vor, ohne diese tatsächlich umzusetzen. Sie haben ihre Entsprechung in wissenschaftlichen Forschungsanträgen (z. B. DFG-Anträgen). Bei der Entwicklung eines Projektdesigns legen Sie die wichtigen theoretischen Grundlagen und den aktuellen Stand der Forschung zum Thema strukturiert dar. Im Rahmen der Bachelorarbeit leiten Sie klare Forschungsfragen aus dem Forschungsstand ab und beschreiben sorgfältig die Methoden zur Beantwortung der Forschungsfragen. Schließlich diskutieren Sie noch die Vor- und Nachteile des vorgeschlagenen Designs sowie die möglichen Ableitungen, die sich für Theorie und Praxis aus der Durchführung der Forschungsarbeit ergeben. Diese Form der Bachelorarbeit entspricht in weiten Teilen dem Theorie- und Methodenteil einer empirischen Arbeit, deshalb werden wir in diesem Buch nicht explizit auf sie eingehen.

4 **Wissenschaftliche Begleitforschung/Evaluationen in der Praxis** untersuchen mit wissenschaftlichen Methoden Praxisprojekte. Eine solche Evaluation entspricht einer empirischen Arbeit „im Feld". Deshalb können die meisten der Strategien, die wir in diesem Buch für empirische Arbeiten vorschlagen, problemlos an die Anforderungen einer solchen Aufgabenstellung angepasst werden.

Schwerpunktsetzung Der Fokus in diesem Buch liegt auf der Anfertigung empirischer Arbeiten. Dies hat mehrere Gründe: Zum einen stellen empirische Arbeiten, in denen Sie selbst ein Phänomen mit wissenschaftlichen Methoden untersuchen, eine sehr spannende Möglichkeit für Ihre Bachelorarbeit dar. Diese Aufgabe wird, wie unsere kleine informelle Umfrage zeigte, häufig angeboten. Zum anderen ist Wissen zu empirischen Arbeiten auch dann unerlässlich, wenn Sie sich im Rahmen eines systematischen oder narrativen Reviews mit Forschungserkenntnissen auseinandersetzen. Nur mit diesem Wissen können Sie Primärstudien ausreichend verstehen, um die Erkenntnisse einander gegenüberzustellen und entsprechend Ihrer Fragestellung Ergebnisse abzuleiten. Auf systematische und narrative Reviews gehen wir in diesem Buch zwar ebenfalls ein, jedoch sind Empfehlungen zum Schreiben systematischer oder narrativer Reviews schwerer zu geben, da es sehr viele mehr oder weniger gute Herangehensweisen für eine solche Aufgabe gibt.

Insgesamt orientieren wir uns in diesem Buch an den einzelnen Teilkapiteln einer empirischen Arbeit (siehe Tabelle 1.2). Zu jedem Kapitel geben wir Ihnen Hintergrundinformationen, die Sie bereits in der Planungsphase für Ihre Bachelorarbeit berücksichtigen sollten. Zudem erhalten Sie konkrete Tipps zum Schreiben des Kapitels. In einem gesonderten Kapitel gehen wir auf systematische und narrative Reviews ein und beschreiben, welche Besonderheiten hier berücksichtigt werden sollten. Das Buch schließt mit allgemeinen Tipps zum Schreiben der Bachelorarbeit sowie zum Zeit- und Selbstmanagement in der Bachelorarbeitsphase.

Aufbau dieses Buchs

1.4 Drei Beispiele für Bachelorarbeiten

Die Inhalte dieses Buchs möchten wir Ihnen an drei Beispielen für Bachelorarbeiten, die von uns betreut wurden, nahebringen. Wie schon erwähnt, sind die Autorinnen Pädagogische Psychologinnen. Die Bachelorarbeiten, die wir betreuen, untersuchen also vorrangig Fragestellungen rund um das Lehren und Lernen. Da es sich aber um psychologische Arbeiten handelt, die den Leitlinien der wissenschaftlichen Psychologie folgen, können diese Beispiele auch hilfreich für Sie sein, wenn Sie innerhalb einer anderen Teildisziplin der Psychologie Ihre Bachelorarbeit schreiben. Insgesamt ist es aber sicherlich eine gute Idee, wenn Sie sich auch an weiteren Beispielen orientieren: Oben haben wir Ihnen schon empfohlen, in psychologische Zeitschriftenartikel hineinzuschauen, da deren Struktur auch für Ihre Bachelorarbeit gilt. Wenn Sie Zugriff haben auf Bachelorarbeiten, die von Ihren Kommilitoninnen und Kommilitonen geschrieben wurden: Diese sind auch eine wunderbare Quelle für Beispiele (vor allem, wenn Sie auch die Information haben, was der Betreuerin/dem Betreuer gut gefallen hat oder auch nicht). Hier nun kurz skizziert die drei Beispiele, die wir im Verlauf dieses Buchs immer wieder heranziehen werden.

Tabelle 1.2
Abschnitte Ihrer Bachelorarbeit und wo Sie in diesem Buch Informationen dazu finden

Abschnitt der BA-Arbeit	Was ist der Fokus?	Wo gibt es die Infos?
Titelblatt	Informationen zu Ihrer Person, Institution, Betreuerin und natürlich: Titel Ihrer Arbeit.	Häufig existieren Vorgaben zur Gestaltung des Titelblatts. Informieren Sie sich beim Prüfungsamt und Ihrer Betreuerin.
Zusammenfassung und/oder Abstract	Eine kurze Zusammenfassung Ihrer Arbeit, in der Sie kurz einen Überblick über Hintergründe, Forschungsfragen, Stichprobe und Design, wichtigste Ergebnisse und Fazit geben.	Nehmen Sie Forschungsartikel als Vorbild und sprechen Sie auch mit Ihrer Betreuerin. Zur Länge: in der Regel zwischen 300 Wörtern und einer Printseite – also wirklich kurz!
Einleitung	Hier klären Sie, was der Gegenstand Ihrer Arbeit ist und machen Ihren Leserinnen und Lesern die Arbeit schmackhaft.	In diesem Buch: Kapitel 3.
Theoretischer Hintergrund und Fragestellungen	Theoretische Hinführung zu den Forschungsfragen und Hypothesen. Hier zeigen Sie auf, welche wichtigen Theorien, Definitionen und empirischen Ergebnisse Sie zu Ihren spezifischen Forschungsfragen und Hypothesen geleitet haben.	In diesem Buch: Kapitel 2 und 3.
Methode	Detaillierte Klärung, mit welchen Methoden Sie zu Ihren Erkenntnissen kamen.	In diesem Buch: Kapitel 4.
Ergebnisse	(Statistische) Auswertung der Daten, fokussiert auf die Forschungsfragen.	In diesem Buch: Kapitel 5.
Diskussion	Im letzten inhaltlichen Kapitel interpretieren Sie die Ergebnisse und leiten theorie- und praxisrelevante Aussagen ab.	In diesem Buch: Kapitel 6.
Literatur	Hier listen Sie alle in der Bachelorarbeit verwendeten Quellen entsprechend psychologischer Richtlinien auf.	In diesem Buch: Kapitel 3.
Anhänge	Instruktionen, Fragebögen, Tests und ähnliche Materialien, die Ihre Leser im Detail interessieren könnten.	Sprechen Sie sich mit Ihrer Betreuerin ab, welche Materialien oder weiterführenden Informationen im Anhang präsentiert werden sollen.

1.4.1 Lernen mit Podcasts

Waltraud und Valerie Waltraud und Valerie erhoben die Daten für ihre empirische Bachelorarbeit gemeinsam in einem interessanten Experiment, in dem sie der Frage nachgingen, ob Podcasts für Lernzwecke geeignet sind. Podcasts sind Audio- oder Videoaufzeichnungen, die in der Regel kostenlos zum Download angeboten und auf einem Computer oder tragbaren Gerät wie einem MP3-Player oder

Smartphone angehört bzw. angeschaut werden können. Waltraud und Valerie untersuchten zwei Hauptforschungsfragen:

1 Lernt man mit einem Podcast oder mit einem Lehrbuchtext besser?
2 Beeinflusst der Lernort (im Bus vs. in einem ruhigen Raum) wie gut man mit einem Podcast bzw. einem Lehrbuchtext lernt?

In ihrem Experiment teilten sie die teilnehmenden Studierenden per Zufall in vier Gruppen ein: Jeweils zwei Gruppen lernten mit einem Lehrbuchtext, die beiden anderen Gruppen erhielten einen MP3-Player mit demselben Text als Audioaufzeichnung. Eine zweite Variation bezog sich auf den Lernort: Je eine Podcast- und Lehrbuchgruppe lernte die Inhalte in einem ruhigen Raum der Universität, die jeweils andere Podcast- und Lehrbuchgruppe lernte den Text beim Busfahren. Um zu testen, welche Gruppe eventuell mehr gelernt hatte als die andere, entwickelten Waltraud und Valerie einen Lerntest.

Was denken Sie: Welche Gruppe hat am meisten gelernt? Reichte es aus, den Lernerfolg zu messen oder hätten die beiden noch etwas anderes abfragen oder messen müssen? Was?

1.4.2 Experimente im Chemieunterricht

In seiner Feldstudie unterrichtete Tobias zwei Schulklassen zum selben Thema in Chemie (ZBH, 2012). In einer Klasse stellte er den Stoff theoretisch vor und zeigte ein Experiment dazu, in der anderen Klasse leitete er die Schülerinnen und Schüler zum Experimentieren an. Sein Ziel war, zu ergründen, ob das Experimentieren den Chemieunterricht interessanter machen und zu einer höheren Motivation bei den Schülerinnen und Schülern führen kann, und in welcher Klasse die Schülerinnen und Schüler mehr lernen. Prinzipiell haben beide unterrichtliche Vorgehen Vor- und Nachteile: Schülerinnen und Schüler mögen es oftmals, wenn sie selbst experimentieren dürfen. Der Aufbau, die Durchführung und das Erklären der Experimente nehmen aber viel Zeit in Anspruch, die dann evtl. für das Lernen der Inhalte fehlt. Hält die Lehrkraft die Unterrichtsstunde und führt die Experimente nur vor, bleibt in der Regel mehr Zeit, um auf die theoretischen Inhalte einzugehen. Aber dafür entfällt auch die Erfahrung

Tobias

des eigenen Experimentierens, und Schülerinnen und Schüler nehmen den Unterricht möglicherweise als langweiliger wahr. Bei der einen Unterrichtsform ist also mehr Präsentation von inhaltlichem Wissen möglich, dafür dürfte die Motivation geringer sein; bei der anderen bleibt weniger Zeit für die Präsentation von Wissen bei hoher Motivation.

Auch hier die Frage an Sie: Was denken Sie, in welcher Klasse der Lernerfolg höher war? In welcher Klasse war die Motivation für Chemie höher? Gibt es einen Zusammenhang zwischen Motivation und Lernerfolg, ist der Lernerfolg bei höher motivierten Schülerinnen und Schülern besser? Was sind die Vor- und Nachteile am Versuchsaufbau von Tobias?

1.4.3 Wahrnehmung von Unterrichtsstörungen

Lea Lea interessierte sich in ihrer Bachelorarbeit dafür, als wie störend Schülerinnen und Schüler, aber auch Lehrerinnen und Lehrer, verschiedene typische Störsituationen in der Schule wahrnehmen (ZBH, 2012). Sie entwickelte zur Untersuchung dieser Fragestellung einen Fragebogen mit Beispielen für Störsituationen, die verschiedenen Kategorien von Störungen zugeordnet werden konnten. Diesen Fragebogen veröffentlichte Lea online und schickte den Link an ihr bekannte Schülerinnen und Schüler sowie Lehrerinnen und Lehrer. Außerdem veröffentlichte sie den Link auf verschiedenen Webseiten und in sozialen Netzwerken wie z. B. facebook, damit eine möglichst große Anzahl von Personen den Fragebogen ausfüllte. Im Vergleich der Daten konnte Lea dann untersuchen, ob Schülerinnen und Schüler sich von Lehrerinnen und Lehrern in der Wahrnehmung der Störsituationen unterscheiden. Da sie noch einige zusätzliche Daten von den Teilnehmerinnen und Teilnehmern abfragte, konnte sie zudem untersuchen, ob die Wahrnehmung der Störsituationen z. B. auch mit dem Alter, dem Geschlecht oder – im Falle der Lehrkräfte – mit der Dienstzeit zusammenhängt.

Haben Sie eine Idee, wie die Ergebnisse dieser Studie ausgefallen sein könnten? Wie kann man vorgehen, damit der Fragebogen relevante und typische Störsituationen abfragt? Wie würden Sie vorgehen, um die Daten aus dem Fragebogen auszuwerten? Welche Kritik üben Sie an Leas Vorgehensweise?

Auf die Details der drei Beispiel-Bachelorarbeiten werden wir in den nächsten Kapiteln nach und nach eingehen. Im nächsten Kapitel geht es zunächst um die Fragestellung als Dreh- und Angelpunkt der Bachelorarbeit.

Tipps zum Weiterlesen:

Beller, S. (2016). *Empirisch forschen lernen: Konzepte, Methoden, Fallbeispiele, Tipps.* (3., überarbeitete und erweiterte Aufl.). Göttingen: Hogrefe.

Franck, N. & Stary, J. (2013). *Die Technik wissenschaftlichen Arbeitens.* (17., überarbeitete Aufl.). Paderborn: Schöningh.

Trimmel, M. (2009). *Wissenschaftliches Arbeiten in Psychologie und Medizin.* Wien: facultas.

2 Die Fragestellung: Dreh- und Angelpunkt der Bachelorarbeit

Quellen für Forschung Der Anstoß für Forschung ist die Neugier. Am Anfang jeder wissenschaftlichen Fragestellung und Forschungsarbeit steht deshalb ein Problem. Dieses Problem kann sich unterschiedlich entwickelt haben: zum Beispiel einfach aus der Feststellung der Forscherin, dass ihr zu einer Frage, einem Phänomen, einer Beobachtung Wissen fehlt, sie sich also etwas nicht erklären kann. Oder aber die Fragestellung entwickelt sich aus Ungereimtheiten, die sich aus widersprüchlichen Erklärungen und Befunden in der Literatur ergeben haben. Manchmal wird das Problem auch von außen an die Forscherin herangetragen, z. B. als Forschungsauftrag (das kann auch die Aufgabe sein, die Ihnen Ihre Betreuerin bzw. ihr Betreuer stellt). Gerade in der Psychologie sind Alltagsbeobachtungen ein interessanter Ausgangspunkt für Forschungsarbeiten. So können Beobachtungen, die sich ein Forscher bzw. eine Forscherin zunächst nicht erklären kann, zu der Frage führen: Warum verhalten sich Menschen in bestimmten Situationen so, wie sie sich verhalten? Wie erleben Menschen bestimmte Phänomene, wie ist ihre Wahrnehmung? Was denken sie dabei?

Insgesamt gibt es also viele mögliche Quellen für die Forschungsfragen, mit denen Sie sich in Ihrer Bachelorarbeit beschäftigen. Diese Forschungsfrage(n) zu finden und festzulegen, ist von zentraler Wichtigkeit, denn mit der Forschungsfrage bestimmen Sie, worüber Sie schreiben. In die Bachelorarbeit gehören nur Informationen, die zu dieser Fragestellung passen, sie ist das Leitmotiv für Ihre schriftliche Ausarbeitung. Die einzelnen Kapitel Ihrer Bachelorarbeit organisieren sich genau um die Fragestellung herum. Aus diesem Grund ist es elementar wichtig, dass Sie Ihre Forschungsfrage und damit Ihr Thema ganz klar in Zusammenarbeit mit Ihrer Betreuerin bzw. Ihrem Betreuer herausarbeiten und immer im Blick behalten.

Nach diesem Kapitel können Sie…
… die Bedeutung der Forschungsfrage für Ihre Bachelorarbeit erklären.
… den Unterschied zwischen Forschungsfragen und Hypothesen erkennen.
… Hypothesen für Ihre Bachelorarbeit formulieren.

2.1 Die Bedeutung der Forschungsfrage für die Bachelorarbeit

Warum ist die Forschungsfrage für Ihre Arbeit so wichtig? Zunächst einmal hilft Ihnen eine präzise formulierte Forschungsfrage, das Thema Ihrer Arbeit einzugrenzen. Aus der Forschungsfrage können Sie auch ableiten, wie Sie Ihre empirische Studie oder Ihren Review planen müssen, damit Sie eine Antwort auf Ihre Forschungsfrage finden können. Bem (2003) beschreibt die Forschungsfrage als Dreh- und Angelpunkt einer wissenschaftlichen Arbeit in der Psychologie. Dabei bezieht er sich nicht nur auf die Planung und Durchführung der Forschungsarbeit, sondern gerade auch auf die schriftliche Ausarbeitung. Der gesamte Text muss nach Bem (2003) um die Forschungsfrage herum organisiert werden. Er bedient sich zur Veranschaulichung der Metapher einer Sanduhr (siehe Abbildung 2.1). Der Text beginnt inhaltlich allgemein und breit, engt sich aber immer mehr ein und wird dann wieder breiter und allgemeiner bzw. verallgemeinernder.

Sanduhr-Struktur des Textes

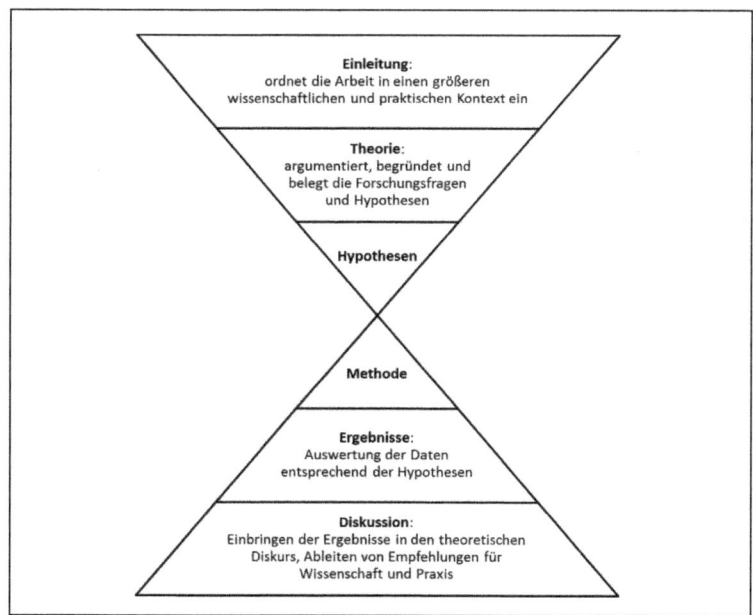

Abbildung 2.1 Das Sanduhrmodell für die Struktur eines wissenschaftlichen Textes in Anlehnung an Bem (2003)

An der engsten Stelle einer Sanduhr muss der Sand hindurchlaufen. Diese engste Stelle Ihrer Bachelorarbeit entspricht Ihren Forschungsfragen und Hypothesen. Die Textabschnitte vor der Forschungsfrage müssen auf diese enge Stelle zulaufen, der Text nach den Forschungsfragen leitet sich aus der Forschungsfrage ab. Das bedeutet, die Theorien und Verweise auf frühere Forschungsarbeiten zum gleichen Thema strukturieren Sie so, dass Sie Ihre Leserinnen und Leser zu Ihrer Forschungsfrage hinleiten und dass sich Ihre Annahmen bzw. Hypothesen logisch daraus ableiten (siehe auch Kapitel 3). Aus der Forschungsfrage leiten sich außerdem die Vorgehensweise der Arbeit (siehe Kapitel 4) und die Auswertung (siehe Kapitel 5) ab. Schließlich erweitern Sie in der Diskussion die Perspektive wieder, wenn Sie Ihre Ergebnisse unter Einbezug der Theorien und anderer Forschungsarbeiten genauer beleuchten und im Vergleich mit anderen Arbeiten interpretieren (siehe Kapitel 6).

 Im Online-Material können Sie Ihr Verständnis prüfen (Quiz 2).

2.2 Von der Alltagsvermutung zur wissenschaftlichen Fragestellung

Forschungsfragen Eine erste wichtige Aufgabe ist also, die wissenschaftliche Fragestellung zu finden. Klären Sie zunächst, welches Ziel Sie mit Ihrer Bachelorarbeit verfolgen (siehe auch Kornmeier, 2018):

- Möchten Sie ein Phänomen *beschreiben*? Die zentrale Frage ist dann, wie ein Sachverhalt in der derzeitigen Lage konkret aussieht.
  Beispielsweise wird oft behauptet, dass Abiturientinnen und Abiturienten aus der Schule anspruchsvolle Lernstrategien mitbringen. Aber wissen wir denn wirklich, welche Strategien die Studienanfängerinnen und -anfänger kennen und nutzen? Daher die (mögliche) Forschungsfrage: Welche Lernstrategien setzen Studierende zu Beginn ihres Studiums ein?
- Möchten Sie ein Phänomen *erklären*? Möchten Sie einem Ursache-Wirkungs-Zusammenhang auf den Grund gehen und herausfinden, warum etwas passiert, welche Ereignisse andere Ereignisse verursachen?

Bleiben wir bei den Studienanfängern: Angenommen, wir stellen fest, dass Studienanfängerinnen und -anfänger anspruchsvolle Lernstrategien aus der Schule mitbringen, diese aber im Studium nicht einsetzen, dann wäre es interessant, folgende Forschungsfrage zu bearbeiten: Warum favorisieren Studierende bestimmte Lernstrategien zu Beginn ihres Studiums?
- Möchten Sie zukünftige Zustände oder Entwicklungen *prognostizieren*? Wollen Sie also wissen, welche Auswirkungen bestimmte Faktoren (Prädiktoren) auf andere haben oder wie man Verhalten (nachweislich) beeinflussen kann? Sie könnten sich dann folgende Forschungsfrage stellen: Setzen die Studierenden anspruchsvolle Lernstrategien ein, wenn sie einen Anreiz dafür erhalten?
- Möchten Sie etwas *verändern* und das Verhalten beeinflussen? Wenn das Ihr Ziel ist, stellen Sie die Frage, wie bestimmte Maßnahmen oder Strategien funktionieren. Aus unserem Beispiel bietet sich als Forschungsfrage an: Hat ein Trainingsprogramm zum Thema Lernstrategien einen Einfluss auf das Verhalten und die Leistung der Studienanfängerinnen und -anfänger?
- Möchten Sie etwas *bewerten* (evaluieren)? Interessiert es Sie, ob bestimmte Maßnahmen funktionieren und eventuell auch, wie sie optimiert werden können? Eine mögliche Forschungsfrage wäre: Wie effektiv ist das Programm XY, um Lernstrategien zu vermitteln im Vergleich zu einem Appell an die Vernunft und Eigenverantwortung der Studierenden?

Wenn Sie sich über die Ziele Ihrer Bachelorarbeit Klarheit verschafft haben, sind Sie schon ein gutes Stück vorangekommen. Sie haben damit eine erste Arbeitsgrundlage, um das Thema weiter einzugrenzen. Die Beispiele für Forschungsfragen illustrieren, wie die Ziele der wissenschaftlichen Arbeit die Formulierung und damit Richtung der Forschungsfrage beeinflussen. Sie sind jedoch noch sehr weit gefasst. Deshalb ist es erforderlich, dass Sie Ihre Forschungsfrage noch präziser formulieren. Hier die Forschungsfragen, die in unseren drei Beispiel-Bachelorarbeiten untersucht wurden:

Waltraud und Valerie: Kann man mit Podcasts ganz nebenbei lernen?
Tobias: Sind Experimente im Chemieunterricht motivierend?
Lea: Welche Ereignisse empfinden Lehrer und Schüler im Unterricht als störend?

Wie lautet Ihre Forschungsfrage? Formulieren auch Sie die Frage, die Sie in Ihrer Bachelorarbeit untersuchen möchten.

2.3 Von der Forschungsfrage zu den Hypothesen

In der psychologischen Forschung werden Erkenntnisse systematisch aus Beobachtungen hergeleitet. Dabei ist das Ziel, möglichst zuverlässige und gültige Erkenntnisse zu gewinnen (siehe auch Kapitel 4). Im wissenschaftlichen Handeln haben sich unterschiedliche Wege zur Erkenntnisgewinnung, also zur Problemlösung herausgebildet (Hussy, Schreier & Echterhoff, 2013). Zwei für die psychologische Forschung typische Wege sind das induktive und das deduktive Vorgehen.

 Unter Induktion versteht man, dass aus Einzelfällen auf Gesetzmäßigkeiten geschlossen wird.

Induktion Wenn wir viele Kinder kennen, die gerne Pudding essen, schließen wir daraus, dass alle Kinder gerne Pudding essen. Die Induktion entspricht damit weitgehend der Alltagsstrategie, Erkenntnisse aus Erfahrungen abzuleiten. Das Problem dabei ist, dass induktive Schlüsse nicht sicher sind. Vielleicht haben Sie Kinder vor allem in Mitteleuropa dabei beobachtet, wie sehr sie sich über Pudding zum Nachtisch freuen. Wenn Sie aber z.B. in asiatische Länder gehen, werden Sie Kinder erleben, die Pudding sehr skeptisch gegenüberstehen – das ist wahrscheinlich auch gut so, da die meisten Asiaten die Fähigkeit, Milchzucker zu verdauen, schon in sehr jungen Jahren verlieren (Vesa, Marteau & Korpela, 2000). Diese Beobachtung widerlegt also Ihre induktiv aufgestellte Regel. Induktive Schlüsse haben nur Wahrscheinlichkeitscharakter. Trotz dieses Nachteils hat auch die induktive Methode ihre Berechtigung in der Wissenschaft. Wenn Regelhaftigkeiten und Gesetzmäßigkeiten unbekannt sind, bleibt uns nichts anderes übrig, als sie zu erschließen. Die induktive Methode spielt also vor allem zu Beginn des Forschungsprozesses eine wichtige Rolle und ist damit Grundlage für andere wissenschaftliche Methoden. Um mit induktiven Schlussfolgerungen wissenschaftlich belastbare Aussagen zu treffen, ist eine sorgfältige und systematische Vorgehensweise wichtig (siehe Kapitel 4). Darin unterscheidet sich der wissenschaftlich induktive Schluss vom alltagspsychologischen Vorgehen, denn im Alltag ziehen Menschen oft weitreichende Schlüsse auf der Basis von wenigen, ins Auge fallenden, subjektiv eindrucksvollen Beobachtungen.

> Beim deduktiven Vorgehen versuchen Wissenschaftlerinnen und Wissenschaftler zunächst eine grundlegende Theorie zu finden, die eine Antwort auf ihre Frage beinhalten könnte.

Die Theorie ist z. B. „Alle Kinder essen gerne Pudding". Da Theorien immer in gewisser Weise unsicher sind, wird die Theorie dann in Bezug auf eine konkrete Frage geprüft. Dazu muss die Forscherin eine Hypothese, also eine Annahme aus der Theorie, für eine konkrete Situation ableiten. **Deduktion**

> Hypothesen sind konkrete, in der Realität überprüfbare Aussagen.

Im Gegensatz zu den Forschungsfragen sind Hypothesen sehr konkret. Die interessierenden und zu untersuchenden Variablen werden in den Hypothesen explizit benannt, ebenso wie der vermutete und überprüfbare Zusammenhang/Unterschied/Einfluss. Wichtige Merkmale von Hypothesen sind: **Hypothesen**

- Sie beziehen sich auf reale, beobachtbare oder messbare Sachverhalte.
- Sie gehen über Einzelfälle hinaus.
- Sie sind falsifizierbar, d. h., es gibt potenziell Ereignisse, die der Hypothese widersprechen (Wörter wie „vielleicht" oder „manchmal" haben in Hypothesen nichts verloren!).

Aus ihren Forschungsfragen leiteten die Autorinnen und Autoren unserer Beispiel-Bachelorarbeiten folgende Hypothesen ab (unvollständige Liste):

Waltraud und Valerie:
- Der Lernerfolg ist beim Lernort Universität höher als beim Lernort Bus.
- Das Lernen mit einem Podcast wird als schwieriger wahrgenommen als das Lernen mit einem Lehrbuch.

Tobias:
- Je höher das Interesse der Schülerinnen und Schüler an Chemie, desto besser ist ihr Lernerfolg.
- Schülerinnen und Schüler, die eine Unterrichtsstunde mit Experimenten er-

lebt haben, bewerten ihre Motivation höher als Schülerinnen und Schüler, die eine traditionelle Unterrichtsstunde erlebt haben.

Lea:
- *Aktive Unterrichtsstörungen werden als störender empfunden als passive Unterrichtsstörungen.*
- *Lehrerinnen und Lehrer schätzen passive Störungen störender ein als Schülerinnen und Schüler.*

Das Ableiten von Hypothesen ist auch Ihre nächste Aufgabe zur Spezifizierung Ihres Forschungsthemas. Da wir ja oben geschrieben haben, dass sich Hypothesen aus Theorien ableiten, sollten Sie sich zunächst Gedanken machen, welche Theorien einen Beitrag zu Ihrem Forschungsthema leisten, und daraus Annahmen ableiten für Ihren Untersuchungsgegenstand. Formulieren Sie nun Aussagen darüber, welche Ergebnisse Sie in Ihrer Untersuchung erwarten.

Formulieren Sie Aussagen, die konkret Ihre Erwartungen in Bezug auf die Ergebnisse Ihrer Untersuchung ausdrücken. Das sind Ihre Hypothesen.

2.4 Und wie geht's weiter? Der wissenschaftliche Prozess

Am Beginn des wissenschaftlichen Prozesses steht die Neugier. Aus der Neugier heraus wird eine Forschungsfrage gestellt. Aus der Theorie werden überprüfbare Annahmen, also Hypothesen, für konkrete Situationen abgeleitet. Wie geht es weiter?

Forschungszyklus Der Forschungszyklus ist in Abbildung 2.2 dargestellt. Die Forschungsfrage erfordert eine Untersuchung. Hierfür sind die Hypothesen zu prüfen. Dazu muss zunächst eine Studie konzipiert werden. Aus den Hypothesen wird abgeleitet, welche Variablen erfasst werden müssen und welches Forschungsdesign für die Untersuchung sinnvoll ist, damit die Ergebnisse möglichst zuverlässig sind (siehe Kapitel 4). Die Ergebnisse der Studie werden dann ausgewertet (siehe Kapitel 5) und mit Blick auf die Hypothesen und die Theorie, aus denen die Hypothesen abgeleitet wurden, interpretiert (siehe Kapitel 6). Meist ergeben sich daraus neue Forschungsfragen, die wiederum zu neuen Hypothesen und neuen Studien führen. So entwickeln sich Theorien stetig durch die Forschung weiter.

Auch mit Ihrer Bachelorarbeit tragen Sie zur Weiterentwicklung einer Theorie bei – vor allem, wenn Sie Ihre Erkenntnisse auch in einem Forschungsartikel veröffentlichen und/oder auf Konferenzen und Tagungen vorstellen. Vielleicht fragen Sie Ihre Betreuerin bzw. Ihren Betreuer nach dem erfolgreichen Abschluss Ihrer Bachelorarbeit nach den Möglichkeiten, diese gemeinsam der interessierten Öffentlichkeit vorzustellen?

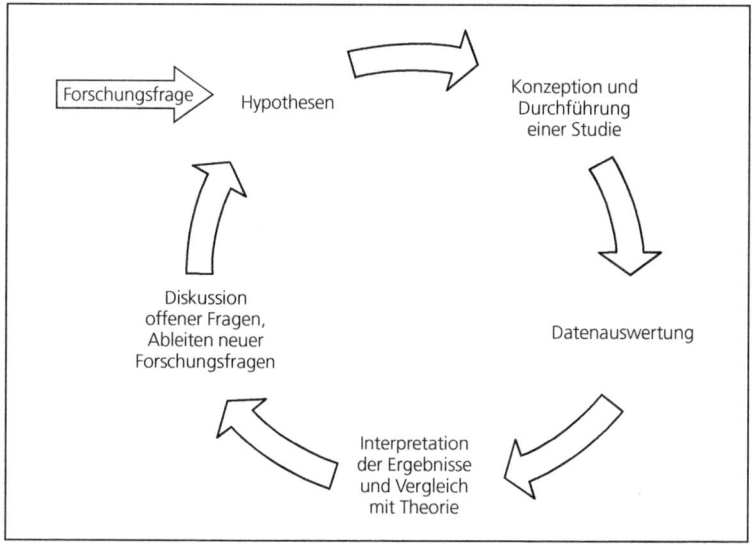

Abbildung 2.2 Der Forschungszyklus von der Forschungsfrage über die Forschungsarbeit bis zur Generierung neuer Forschungsfragen

Tipps zum Weiterlesen:

Bem, D.J. (2003). *Writing the empirical journal article.* Zugriff am 30.07.2019 unter http://dbem.ws/WritingArticle.pdf
Esselborn-Krumbiegel, H. (2017). *Richtig wissenschaftlich schreiben.* Paderborn: Ferdinand Schöningh.
Kornmeier, M. (2018). *Wissenschaftlich schreiben leicht gemacht: für Bachelor, Master und Dissertation* (8., überarbeitete Aufl.). Bern: Haupt Verlag.
Tesser, A. (2000). Theories and hypotheses. In R.J. Sternberg (Ed.), *Guide to publishing in psychology journals* (pp. 58–80). New York, NY: Cambridge University Press.

3 Literatur! Die theoretische Einbettung der Forschungsfrage

Mit diesem Kapitel beginnen wir die Reise durch die einzelnen inhaltlichen Abschnitte Ihrer Bachelorarbeit mit Tipps zum Einleitungs- und Theorieteil. Wie genau Sie diese ersten beiden Kapitel Ihrer Bachelorarbeit gestalten, hängt natürlich von Ihrem Thema ab, und wahrscheinlich gibt es auch nicht die einzig richtige oder beste Lösung dafür. Die Strategien, die wir Ihnen für die Inhaltsfindung für Einleitung und Theorie nahebringen, helfen Ihnen aber, eine gute Lösung zu finden. Mit den Strategien zur Literaturrecherche, die wir in diesem Kapitel präsentieren, finden Sie Quellen, mit denen Sie Ihre Argumentation im Theorieteil aufbauen. Das Kapitel schließt mit ein paar Regeln zum korrekten Zitieren in der Psychologie ab.

> *Nach diesem Kapitel können Sie ...*
> *... eine interessante Einleitung schreiben, die Ihre Leserinnen und Leser auf Ihre Bachelorarbeit gut vorbereitet.*
> *... die wichtigen Inhalte für Ihren Theorieteil bestimmen.*
> *... die relevante Literatur für Ihren Theorieteil recherchieren.*
> *... Ihre Quellen im Text und im Literaturverzeichnis korrekt zitieren.*

3.1 Die Einleitung: Was ist denn eigentlich das Problem?

Wie jeder gute Text beginnt auch Ihre Bachelorarbeit mit einer Einleitung. Und genau wie bei einem Krimi, einem Ratgeberbuch oder Zeitungsartikel muss die Einleitung Ihrer Bachelorarbeit bei Ihren Leserinnen Interesse wecken, damit sie motiviert sind, weiterzulesen. Vor der Einleitung kommen natürlich noch der Titel und das Abstract bzw. die Zusammenfassung. Tipps hierzu finden Sie in den Online-Materialien zu diesem Buch.

Hinführung zum Thema

Doch wie kann man die Einleitung zu einer wissenschaftlichen Arbeit interessant gestalten? Wie wir in *Kapitel 2.1* dargelegt haben, hat die Bachelorarbeit die Struktur einer Sanduhr. Sie beginnt mit einer breiten und allgemeinen Perspektive, wird in der Hinführung zu den Hypothesen spezifischer und endet wieder mit allgemeinen, in einen größeren Kontext eingebetteten Aussagen. Als erstes inhaltliches Kapitel stellt die Einleitung den Kontext dar, in dem die Forschungsfrage entstanden ist und für den sie relevant ist. Führen Sie Ihre Leserinnen und Leser in der Einleitung also zum Thema hin.

Die Sprache darf dabei gerne etwas lockerer sein. Als Zielpublikum für die Einleitung können Sie sich z. B. Ihre Eltern oder Großeltern (sofern diese keine forschenden Psychologinnen und Psychologen sind) oder auch interessierte Kommilitoninnen oder Kommilitonen, die etwas ganz anderes studieren als Sie, vorstellen. Das bedeutet, dass Sie nicht gleich das psychologische Fachvokabular nutzen, sondern Ihre Leserinnen und Leser langsam an das Thema und die Begrifflichkeiten heranführen. **Sprache**

Erzählen Sie etwas zu den Hintergründen Ihrer Arbeit: Welchen praktischen Nutzen könnten die Ergebnisse haben, weshalb ist das Thema relevant? Und ganz wichtig: Legen Sie dar, um was es in der Arbeit geht, grenzen Sie also Ihr Thema ein. **Thema eingrenzen**

Lea

Lea begann ihre Bachelorarbeit zu Unterrichtsstörungen mit einem Beispiel. Sie beschrieb eine typische Unterrichtssituation, in der eine Schülerin, statt aufmerksam zuzuhören, mit ihrem Bleistift in ihrem Heft herumkritzelte. Der Lehrer bemerkte das und wies die Schülerin zurecht. Die Zurechtweisung führte in der Situationsbeschreibung zwar dazu, dass die Schülerin ihren Bleistift weglegte, mehrere Schülerinnen und Schüler lachten jedoch über die Zurechtweisung des Lehrers, andere nutzten die kurze Unterbrechung des Unterrichts dazu, sich zu unterhalten. Im Endeffekt führte die Zurechtweisung der einen Schülerin die gesamte Klasse vom Unterrichtsthema weg. Mit dieser Situationsbeschreibung führte Lea in das Problem ein, dass es schwierig ist, zu definieren, was genau eine Unterrichtsstörung eigentlich ist und wann ein Einschreiten der Lehrkraft nötig ist, weil ein Schülerverhalten die Klasse vom Lernen abhält – und wann die Zurechtweisung das eigentlich störende Ereignis wie in der Unterrichtsbeschreibung darstellt. Aus diesem praktischen Beispiel konnte Lea schließlich die Notwendigkeit einer Untersuchung zu störenden Ereignissen und der Wahrnehmung durch Lehrerinnen und Lehrer sowie durch Schülerinnen und Schüler ableiten.

Auf Literaturquellen sollten Sie nur dann eingehen, wenn sich Ihre Arbeit aus einer bestimmten Studie (bzw. Studienreihe/-tradition) oder Theorie eindeutig ableitet. Falls Sie jedoch durch unterschiedliche Quellen inspiriert wurden bzw. aus unterschiedlichen Quellen Ihre Forschungsfragen und Hypothesen begründen, sollten Sie diese Herleitung für Ihr Theoriekapitel aufsparen. **Literaturverweis**

Und selbst wenn es so ist, dass Sie eine besonders wichtige Quelle für Ihre Forschung haben, ist eine ausführliche Erläuterung der wissenschaftlichen Vorarbeiten erst im Theorieteil angemessen. In der Einleitung stellen Sie erst einmal in groben Zügen und für Laien verständlich den Zusammenhang Ihrer Arbeit mit dem relevanten Kontext her.

lebensnahe Beispiele Eine gute Idee ist auch, in der Einleitung komplexe Konzepte durch lebensnahe Beispiele zu verdeutlichen. Besonders abstrakte Theorien und Konzepte lassen sich so sehr gut verdeutlichen, wie auch das folgende Beispiel zeigt.

In einer Arbeit, die sich mit Urteilerfehlern wie dem Halo-Effekt (Thorndike, 1920; für eine Lehrbucherläuterung siehe z. B. Stürmer, 2009) auseinandersetzt, wäre dies ein weniger guter Anfang:

„Bereits Thorndike (1920) beschrieb den Halo-Effekt, der seither in der psychologischen Forschung viel Aufmerksamkeit bekam. Dieser Effekt beschreibt das Phänomen, dass Menschen in ihrer Wahrnehmung anderer Personen durch hervorstechende Eigenschaften dieser Personen zu einem kognitiv verzerrten Urteil kommen, indem sie von diesen hervorstechenden Merkmalen auf weitere Eigenschaften schließen."

Die Ausführungen sind zwar korrekt, der Absatz liest sich aber, wie Sie wahrscheinlich auch merken, nicht unbedingt so spannend, dass man die Arbeit unbedingt zu Ende lesen möchte. Ein für eine interessante Einleitung besser geeigneter Text könnte so aussehen:

„Eine populäre Alltagsweisheit besagt: ‚Für den ersten Eindruck bekommt man keine zweite Chance' (Erdtmann, 1991). Aber ist das tatsächlich so? Dieser Frage wird in dieser Bachelorarbeit speziell im Kontext mündlicher Prüfungen nachgegangen. Lassen sich Prüfende von ihrem ersten Eindruck, der sich aus äußeren Merkmalen wie z. B. einer Brille oder einem Nasenpiercing ableitet, in ihrer Bewertung beeinflussen, wäre das sicherlich nicht gerecht. Wie im Theorieteil dieser Arbeit aufgezeigt wird, könnte es aber durchaus sein, dass Personen mit bestimmten Merkmalen auch bestimmte Eigenschaften wie Intelligenz und Gewissenhaftigkeit oder – im Negativen – Faulheit und Oberflächlichkeit zugeschrieben werden. Viele Prüferinnen und Prüfer würden hier wahrscheinlich widersprechen und hervorheben, dass sich eine Note in einer mündlichen Prüfung selbstverständlich nicht alleine auf den ersten Eindruck der Person stützt. In einer empirischen Studie wird in dieser Arbeit deshalb untersucht, ob der erste Eindruck durch die Prüfungsleistung eine zweite Chance erhält."

Die Einleitung ist gelungen, wenn sie Ihre Leserinnen und Leser an das Thema heranführt. Die folgende Übung kann Ihnen dabei helfen, Ideen für Ihre Einleitung zu bekommen.

1 Stellen Sie kurz dar, welches Hauptproblem Sie in Ihrer Bachelorarbeit untersuchen: Was ist Ihr Untersuchungsgegenstand, welche Hauptforschungsfrage untersuchen Sie?

2 *Warum ist dieses Problem wichtig? Welchen praktischen Nutzen können die Ergebnisse haben? Welche Forschungslücken gehen Sie an, wie können Sie mit Ihrer Bachelorarbeit zur Weiterentwicklung der Theorie beitragen?*
3 *Warum sollten andere Ihre Bachelorarbeit lesen, welches praktische oder theoretische Interesse könnten Ihre Leserinnen und Leser an den Ergebnissen Ihrer Bachelorarbeit haben?*
4 *Gibt es Konzepte oder Theorien, die man auf jeden Fall kennen muss, um den Untersuchungsgegenstand verstehen zu können? Wie können Sie diese Konzepte auf einfache Weise, z. B. mit einem Beispiel, kurz erklären?*

3.2 Was gehört in den Theorieteil?

Mit dem Theorieteil, dem zweiten inhaltlichen Kapitel Ihrer Bachelorarbeit, steigen Sie richtig in das Thema und auch in das wissenschaftliche Schreiben ein. Hinweise zum Schreiben des Theorieteils finden Sie in den Online-Materialien. Ziel des Theorieteils ist, dass Ihre Leserinnen und Leser alle wichtigen Informationen erhalten, die sie benötigen, um Ihre Forschungsfragen und Hypothesen, eventuell auch Ihre Forschungsmethoden, nachvollziehen zu können. Dabei müssen nicht nur die Inhalte, also Theorie und Forschungsarbeiten, auf die Sie verweisen, dargelegt werden. Wichtig ist auch, dass Ihre Leserinnen und Leser Ihrer Logik folgen und einen roten Faden erkennen können. So können Sie die Inhalte, Theorien und Studien bestimmen, die Sie in Ihrem Theorieteil beschreiben sollten:

Ziele des Theorieteils

Schreiben Sie Ihre Forschungsfragen und Hypothesen auf und beantworten Sie die folgenden Fragen:
- *Welche wichtigen Begriffe nennen Sie in Ihren Forschungsfragen und Hypothesen? Diese sollten Sie im Theorieteil herleiten und definieren.*
- *Welche Theorien legen Sie zugrunde? Diese sollten Sie erläutern.*
- *Gibt es zentrale Forschungsarbeiten zu den wichtigen Theorien? Diese sollten Sie kurz und mit Fokus auf Ihr eigenes Vorhaben beschreiben.*
- *Wie begründen Sie die in den Hypothesen getroffenen Annahmen? Die Begründung sollte aus dem Theorieteil klar abzuleiten sein: 1. Durch den roten Faden, der zu den Hypothesen hinleitet und deutlich herausgearbeitet ist; 2. in einer kurzen Zusammenfassung und expliziten Begründung zu Ihren Hypothesen.*

Wenn Sie alle oben genannten Fragen kurz skizziert haben, formulieren Sie die entsprechenden Inhalte für Ihren Theorieteil aus. Mehr Informationen sind nicht nötig. Wichtiges Ziel des Theorieteils ist, dass Ihre Leserinnen und Leser verstehen, wie

Schreibtipps

Sie die Hypothesen für Ihre eigene Untersuchung herleiten. Außerdem dient der Theorieteil schon der Vorbereitung der Diskussion Ihrer Ergebnisse. Aus der in diesem Teil zitierten Literatur sollte Ihren Leserinnen und Lesern in der Diskussion schon klar sein, weshalb Sie die Ergebnisse in einer bestimmten Weise interpretieren. Damit eine klare Linie in Ihrem Theorieteil und auch in Ihrer gesamten Arbeit vorhanden ist, sollten Sie darauf achten, nur die relevante Information zu präsentieren und argumentativ zu verknüpfen. Der Theorieteil ist kein erschöpfender Überblick über alles, was jemals irgendwie und irgendwo über Ihr Forschungsthema und dem Thema verwandte Bereiche geschrieben wurde. Die folgenden Tipps können Ihnen beim Schreiben des Theorieteils außerdem helfen:

- *Bei der Gliederung folgen Sie dem Modell der Sanduhr und gehen vom Allgemeinen zum Speziellen. Sie beschreiben also zunächst allgemein eine Theorie und spezifizieren dann, wie die Theorie in Ihrem Forschungsgebiet Anwendung findet.*
- *Bei der Auswahl der Forschungsarbeiten, die Sie näher beschreiben, konzentrieren Sie sich auf solche, die als grundlegend für eine Theorie gelten, und auf diejenigen, aus denen Sie Ihre Hypothesen explizit ableiten.*
- *Wenn Sie Forschungsarbeiten zitieren, so müssen Sie sie nicht en detail skizzieren. Beschränken Sie sich auf die Merkmale, die für Ihre Argumentation wichtig sind. Das kann auch nur der Hinweis darauf sein, dass ein bestimmtes Ergebnis von den Autorinnen und Autoren einer bestimmten Studie gefunden wurden – ganz ohne dass Sie die theoretische Herleitung, Hypothesen, Stichprobe, Material etc. beschreiben. Das können interessierte Leserinnen und Leser selbst nachlesen.*
- *Schreiben Sie eine Geschichte und keine Liste von Forschungsarbeiten und Theorien. In der Grundschule haben Sie gelernt, dass in einem Aufsatz nicht jeder Satz mit „und dann" beginnt. Für Ihre Bachelorarbeit gilt ebenso, dass nicht ein Fakt neben dem anderen steht, sondern dass Sie Konzepte, Theorien und Forschungsarbeiten nutzen, um Ihre eigene Geschichte zu schreiben (die als Fazit die Hypothesen hat). Verbinden Sie die wichtigen Fakten etc. mit Argumenten.*
- *Arbeiten Sie mit Überschriften, um Ihren Leserinnen und Lesern die Orientierung im Text zu erleichtern. Am Ende eines Abschnitts ist es sinnvoll, dass Sie kurz zusammenfassen, was die wichtigsten Erkenntnisse sind, die aus dem Text für Ihre Arbeit wichtig sind. Gestalten Sie die Überleitung zwischen zwei inhaltlichen Abschnitten im Theorieteil aktiv, z. B. indem Sie kurz formulieren, wie der folgende Teil mit dem vorigen zusammenhängt, und einen Überblick über den kommenden Teil geben. Denken Sie daran, dass sehr oft auch dann, wenn für Sie die Logik ganz klar ist, dies für Ihre Leserinnen und Leser schwierig zu erkennen sein kann.*

Die Gliederungen des Theorieteils unserer Beispiel-Bachelorarbeiten spiegeln die Überlegungen zur Hinleitung zu den Hypothesen unseres Erachtens gut wieder. Schauen Sie sich z. B. Leas Gliederung des Theorieteils Ihrer Bachelorarbeit zur Wahrnehmung von Unterrichtsstörungen an:

2. Theoretische Grundlagen
2.1 Der Begriff „Unterrichtsstörung"
2.2 Subjektive Wahrnehmung von Unterrichtsstörungen
2.3 Notwendigkeit einer direkten Befragung
2.4 Hypothesen

Auch bei Waltraud und Valerie erkennt man in der Gliederung des Theorieteils die Argumentationsstruktur und auch die Hinführung auf ihre Hypothesen zum Lernen mit Podcasts: **Waltraud und Valerie**

2. Theorie
2.1 Lernen als Informationsverarbeitung
2.1.1 Das SOI-Modell der Informationsverarbeitung
2.1.2 Das Arbeitsgedächtnis im Lernprozess
2.2 *Cognitive Load Theory*: Die Belastung des Arbeitsgedächtnisses beim Lernen
2.2.1 Der Einfluss der Lernsituation auf das Arbeitsgedächtnis und den Lernprozess
2.2.2 Unterschiede in der visuellen und auditiven Aufnahme von Informationen im Lernprozess
2.3 Untersuchungen zum Lernen mit Podcasts
2.4 Forschungsfragen und Hypothesen

Der Theorieteil ist neben der Diskussion eines der beiden Kapitel Ihrer Bachelorarbeit, die von der Verknüpfung Ihrer Überlegungen und Fragen mit den Erkenntnissen anderer Autorinnen leben. Sie betten mit Ihrem Theorieteil Ihre Arbeit in den theoretischen und empirischen Forschungskontext ein. Deshalb werden Sie hier eine Vielzahl anderer Arbeiten zitieren. Im folgenden Abschnitt möchten wir Ihnen einige Tipps zur Recherche relevanter Quellen sowie auch zum ökonomischen Lesen der gefundenen Texte geben. **Quellen nutzen**

3.3 Exkurs: Literaturrecherche

Für die Bachelorarbeit ist eine ausführliche Literaturrecherche und -auswertung nötig, damit Sie Ihre Fragestellung gut und sinnvoll in den theoretischen Hintergrund einordnen können. Zu diesem Abschnitt gibt es zusätzliches Online-Material. Es ist also Ihre Aufgabe, die für die Arbeit relevante Literatur zu finden und zu verwerten. In der Regel bekommen Sie aber zumindest zum Einstieg in Ihr Thema auch Hinweise und Empfehlungen von

Ihrer Betreuerin bzw. Ihrem Betreuer. Das ersetzt aber nicht die eigene Recherche. Ihre Betreuerin bzw. Ihr Betreuer wird erwarten, dass Sie über die von ihr/ihm genannten Quellen hinaus eigene Literatur recherchieren.

3.3.1 Wo recherchieren?

Schneeballmethode

Die Empfehlungen Ihrer Betreuerin bzw. Ihres Betreuers sind ein guter Ausgangspunkt für die Recherche. Wenn Sie eine empirische Arbeit, ein Kapitel in einem Lehrbuch, eine Monographie oder eine Übersichtsarbeit lesen, sind dort Quellen zitiert. Bestimmt ist da dann auch die eine oder andere Quelle dabei, die Sie im Original lesen möchten, um sie eventuell für Ihre Arbeit zu verwenden. Dieses Vorgehen zur Literaturrecherche über die zitierten Quellen aus Texten nennt man auch die Schneeballmethode.

In der Regel ist es nicht ausreichend, nur auf die Quellen zurückzugreifen, die Sie mit der Schneeballmethode in der zuerst rezipierten Literatur gefunden haben. Dieses Vorgehen ist zwar zunächst sehr clever, hat aber zwei große Nachteile: Zitiert werden von den Autorinnen natürlich nur Werke, die bereits veröffentlicht waren, bevor sie ihren Text geschrieben haben. In der Zeit gehen Sie über die Schneeballmethode also nur immer weiter rückwärts. Neuere Veröffentlichungen können Sie so nicht finden. Der zweite Nachteil ist, dass es auch unter Wissenschaftlerinnen und Wissenschaftlern Gruppen gibt, die enger zusammenarbeiten und die dazu neigen, sich vor allem gegenseitig zu zitieren. Forschungsarbeiten von Autorinnen aus anderen Gruppen, die vielleicht auch eine andere Meinung vertreten oder mit anderen Methoden arbeiten, werden dabei oft ignoriert. Nur nach der Schneeballmethode zu recherchieren führt deshalb dazu, dass Sie möglicherweise nur einen Teil der relevanten Arbeiten finden und somit in Ihrem Theorieteil ein einseitiges Bild präsentieren würden.

Universitätsbibliothek

Wo bekommen Sie aber weitere Quellen her? Sicherlich haben Sie schon einmal in Ihrer Universitätsbibliothek recherchiert. Der Katalog der Unibibliothek ist vor allem für das Finden von Büchern eine gute Ressource. Nachteil ist, dass die Suche im Katalog der Unibibliothek in der Regel nicht ermöglicht, auch innerhalb der Quellen zu recherchieren und so z. B. einzelne Kapitel in einem Buch oder einzelne Artikel in einer Zeitschrift zu finden. Deshalb ist die Unibibliothek vor allem für eine

Einstiegsrecherche geeignet, sie kann jedoch nicht alle wichtigen Quellen liefern.

Eine wichtige Rechercheressource sind wissenschaftliche Literaturdatenbanken.

Literaturdatenbanken

> Datenbanken verwalten eine Vielzahl von Informationen in einer Weise, die es Nutzerinnen ermöglicht, relevante Informationen zu recherchieren.

In den wissenschaftlichen Literaturdatenbanken werden Informationen über Forschungsliteratur verwaltet. Im Prinzip macht das auch der Katalog der Unibibliothek, die Literaturdatenbanken gehen aber weiter: Sie dokumentieren Informationen zu einzelnen Beiträgen aus Zeitschriften, teilweise auch aus Büchern oder von Konferenzbeiträgen. Zahlreiche Zusatzinformationen wie z. B. Stich- und Schlagworte oder auch die Abstracts (= Kurzbeschreibungen) der Beiträge erlauben eine detaillierte Recherche. Oft sind sogar die Volltexte verlinkt, so dass Sie über die Datenbanken auf die elektronischen Versionen (PDFs) der für Sie wichtigen Literatur zugreifen können.

Eine Übersicht über eine Vielzahl von Literaturdatenbanken finden Sie über das DBIS (= Datenbank-Infosystem). Das DBIS ist sozusagen eine Datenbank über Literaturdatenbanken. Die Wahrscheinlichkeit ist sehr groß, dass auch Ihre Unibibliothek auf der Startseite einen Link zum DBIS bereitstellt. Falls nicht, finden Sie das DBIS unter dieser URL: http://www.bibliothek.uni-regensburg.de/dbinfo. Manche Datenbanken sind kostenpflichtig und müssen von Ihrer Universität abonniert werden. Deshalb sind wahrscheinlich nicht alle Datenbanken für Sie zugänglich – erst recht nicht, wenn Sie von Ihrem Internetzugang Zuhause aus Ihre Recherche starten. Die Datenbank weiß dann ja nicht, dass Sie Studentin oder Student einer bestimmten Universität sind und eigentlich vollen Zugang haben sollten. Sehr sinnvoll ist es deshalb, wenn Sie Ihre Recherche an der Universität durchführen, und zwar entweder von einem Rechner in einem PC-Pool Ihrer Uni oder aber mit Ihrem eigenen Laptop per W-Lan. Wenn Sie von Zuhause aus recherchieren möchten, sollten Sie sich durch einen VPN-Client als Uniangehörige(r) ausgeben. Dazu kann Sie das Unirechenzentrum oder die Unibibliothek bestimmt beraten.

DBIS

Im DBIS sind die verfügbaren Datenbanken nach Fächern sortiert. Suchen Sie sich also zunächst die Psychologie als Fach heraus, dann werden dort alle wichtigen Ressourcen für die Recherche nach für die Psychologie relevanter Literatur gelistet. Zu den für die Psychologie wichtigen Datenbanken zählen z. B. PSYNDEX (für deutschsprachige Literatur und Tests), PsycLIT, PsycInfo, Web of Science oder Medline (eigentlich für die Medizin, aber besonders in der Klinischen Psychologie auch wichtig). Wenn Sie bisher noch nicht in einer Literaturdatenbank recherchiert haben, dann ist unser Tipp, dass Sie sich am besten in Ihrer Unibibliothek beraten lassen. Oft werden kurze Einführungskurse angeboten. In vielen Fällen gibt es auch einen Referenten oder eine Referentin speziell für die Psychologie, die sich dann besonders mit den psychologischen Datenbanken auskennt.

3.3.2 Wie recherchieren?

Neben der Frage, wo Sie recherchieren können, ist natürlich auch wichtig, wie Sie dabei vorgehen. Ganz spezifisch ist das von Ihrer Suchressource abhängig. Die wichtigsten Tipps gibt Ihnen dafür meist auch das Informationsangebot Ihrer Universitätsbibliothek. Wir möchten Ihnen hier ein paar allgemeine Hinweise dazu geben.

Planen Sie Ihre Recherche im Voraus

Planung der Recherche Wenn Sie sich einfach so an den Rechner setzen, um zu recherchieren, kann es passieren, dass Sie unnötig viel Zeit mit der Suche verbringen – und die knappe Zeit für die Anfertigung der Bachelorarbeit können Sie doch sicherlich besser brauchen.

zeitliche Planung Überschlagen Sie zunächst, wie viel Zeit Sie überhaupt zur Verfügung haben. Legen Sie fest, wie lange Ihre Recherchesitzung dauern soll, und versuchen Sie auch, sich daran zu halten. Das bedeutet einerseits, dass Sie abbrechen, wenn die zur Verfügung stehende Zeit vorbei ist. Damit verhindern Sie, dass Sie sozusagen vom Hölzchen aufs Stöckchen kommen und sich in der Recherche verlieren. Irgendwann benötigen Sie ja auch Zeit, um Ihre Rechercheergebnisse auszuwerten. Andererseits bedeutet das aber auch, dass diese Zeit exklusiv für die Recherche zur Verfügung stehen sollte. Surfen Sie nicht nebenbei nach anderen Themen im Internet, lesen Sie nicht Ihre Emails und lesen Sie auch (noch) nicht zu tief in die gefundenen Artikel hinein. Sie wollen die Zeit ja effizient für die Recherche nutzen. Mit einer einzigen Recherchesitzung ist es übrigens wahrscheinlich nicht getan. Wahrscheinlich ist, dass Sie zu Beginn zunächst in verschiedenen Datenbanken recherchieren, dann Ihre Treffer sichten und ggf. feststellen, dass Sie noch weitere Quellen benötigen. Außerdem werden im Schreibprozess immer mal wieder Fragen auftreten, die es nötig machen, dass Sie wieder recherchieren. Mit der Basissuche sollten Sie aber möglichst frühzeitig anfangen. Falls Sie einzelne Quellen z. B. über die Fernleihe benötigen, dauert das oft lange und Ihre Zeit ist begrenzt und kostbar.

Die zweite Frage zur Planung ist, wie vollständig Ihre Recherche sein soll. Es kann sinnvoll sein, dass Sie nur in bestimmten Zeiträumen suchen, z. B. nur Literatur aus den letzten 10 oder 20 Jahren, wenn Sie aktuellere Studien in Ihren Theorieteil einfließen lassen möchten. Möchten Sie außerdem nur deutsche Literatur suchen oder auch im internationalen Raum, also typischerweise in englischer Sprache publizierte Treffer finden? In den allermeisten Fällen ist es sinnvoll, wenn Sie sich nicht nur auf deutsche Literatur beschränken. Ausnahmen sind z. B., wenn Sie über typisch deutsche Phänomene schreiben wie über das deutsche Schulsystem oder die Lese-Rechtschreibschwäche bei deutschsprachigen Schülerinnen und Schülern. Bei den meisten Themen ist es aber so, dass auch viele der Forschungsarbeiten, die in Deutschland durchgeführt werden, in englischsprachigen Zeitschriften veröffentlicht werden. Für die Forscherinnen ermöglicht dies einen Austausch über die Landes- und Sprachgrenzen hinaus. Und auch im Ausland werden natürlich relevante Arbeiten zu vielen Forschungsgebieten geschrieben, die für Ihren Theorieteil interessant sein können. Wichtig ist außerdem, dass Sie planen, welche Medien Ihre Suche abdecken soll: nur Zeitschriftenartikel oder nur Bücher oder beides? *inhaltliche Planung*

Wenn Sie geplant haben, wie vollständig Ihre Recherche sein soll, können Sie auch entsprechend die Rechercheressourcen auswählen. Suchen Sie vorwiegend Bücher, können Sie im Katalog Ihrer Unibibliothek recherchieren. Wie oben bereits beschrieben, ist das vor allem sinnvoll, wenn Sie sich einlesen und einen Überblick gewinnen möchten. Zur Recherche nach Forschungsartikeln und Literaturreviews müssen Sie auf Datenbanken zurückgreifen und diese so wählen, dass sie zu Ihren Recherchezielen passt. *Rechercheorte planen*

Legen Sie Suchbegriffe fest

Suchbegriffe Um die richtigen Suchbegriffe zu finden, schlagen wir folgende Strategie vor:

1. Schreiben Sie eine möglichst präzise Kurzbeschreibung Ihres Themas auf und/oder notieren Sie Ihre Hypothesen.
2. Zerlegen Sie Ihr Thema in die einzelnen Aspekte, die darin stecken (diese ersten beiden Schritte haben Sie eigentlich schon für die Planung des Theorieteils erledigt, siehe Kapitel 3.2).
3. Generieren Sie aus Ihrem „zerlegten" Thema die Suchbegriffe, mit denen Sie recherchieren möchten. Denken Sie dabei auch an synonyme Begriffe und übersetzen Sie deutsche Begriffe ins Englische bzw. umgekehrt.

Führen Sie Ihre Recherche durch

Sie haben bislang entschieden, wie viel Zeit Sie aufwenden möchten, wie vollständig die Recherche sein soll und wo Sie suchen. Zudem haben Sie Suchbegriffe festgelegt, mit denen Sie vorerst arbeiten möchten. Als nächsten Schritt verschaffen Sie sich in der gewählten Datenbank oder dem Bibliothekskatalog einen Überblick:

Überblick verschaffen
- Was findet die Suchfunktion und was nicht? Z.B. Monographien, Zeitschriftenaufsätze, Kongressberichte ... Falls die von Ihnen gewählte Datenbank nicht die in der Planung vorgesehenen Quellen findet, sollten Sie eine andere Rechercheressource wählen.
- Welchen Zeitraum deckt die Suche ab? Können auch ältere oder neuere Werke gefunden werden? Gibt es eine Funktion, mit der Sie den Zeitraum entsprechend Ihrer Planungen einschränken können?
- Welche Suchfelder gibt es? Können Sie z.B. gezielt nach Autoren, Schlagworten, Publikationsorganen ... suchen? Ist es möglich, Suchbegriffe zu verknüpfen, auszuschließen, zu erweitern etc.? Welche Boole'schen Operatoren dürfen Sie verwenden? Die gängigsten Operatoren sind AND (alle Begriffe müssen in den Treffern enthalten sein), OR (einer der Begriffe muss in den Treffern enthalten sein), NOT (diese Begriffe dürfen nicht in den Treffern enthalten sein); bzw. analog auf Deutsch: UND, ODER, NICHT. Die Boole'schen Operatoren ermöglichen es, Suchbegriffe miteinander so zu verknüpfen, dass die Suchergebnisse entweder eine Schnittmenge darstellen (UND),

eine Vereinigungsmenge (ODER) oder eine Ausschlussmenge (NICHT).
- Können Sie mit Trunkierungen arbeiten? Die Trunkierung ist die Suche mit Hilfe eines Wortstamms oder eines Teils eines Wortes. Fehlende Buchstaben oder Wortteile werden in der Regel durch * oder $ ergänzt.
- Schauen Sie auch, ob es in Ihrer Suchdatenbank einen Index oder Thesaurus gibt. Der Index ist eine Wortliste oder ein Register, das alle in einer Kategorie einer Datenbank (z. B. Namen von Autorinnen und Autoren oder Schlagwort) enthaltenen Suchbegriffe in alphabetischer Reihenfolge enthält. Im Thesaurus finden Sie zusätzlich semantische Beziehungen zwischen Schlagworten (Unterbegriffe, Oberbegriffe, verwandte Begriffe) und erhalten so Hinweise auf weitere Suchbegriffe.

Verarbeiten Sie Ihre Ergebnisse

Ganz wichtig ist es, dass Sie Ihre Suche dokumentieren. So umgehen Sie das Problem, dass Sie ggf. mehrfach nach denselben Quellen recherchieren müssen. Die meisten Datenbanken bieten an, dass man sich die Rechercheergebnisse per Email schicken lassen oder – sehr praktisch! – die Ergebnisse gleich in eine Literaturdatenbank wie *EndNote* oder *Citavi* übernehmen kann. Falls Sie solche Programme nicht kennen und noch ein wenig Zeit haben, sich in die Software einzuarbeiten, bevor Sie mit Ihrer Bachelorarbeit loslegen, recherchieren Sie doch mal Literaturverwaltungssoftware. Eventuell bietet Ihre Universität auch den Zugriff auf eine Literaturverwaltungssoftware wie z. B. *EndNote* oder *Citavi* an. Sie können diese Programm in der Regel nutzen, um die gefundenen Treffer zu verwalten und sie auch mit Ihrem Textverarbeitungsprogramm verknüpfen, um die in Ihrer Bachelorarbeit zitierte Literatur automatisch in ein Literaturverzeichnis einzutragen.

Recherche dokumentieren

Werten Sie die Ergebnisse Ihrer Recherche aus

Sie werden mit Ihrer Suche leider nicht nur optimale und relevante Ergebnisse finden, und wahrscheinlich werden Sie auch keine vollständige Liste aller relevanten Ergebnisse erreichen. Sie werden also Ihre Suchergebnisse zum einen danach filtern müssen, welche Treffer für Sie nicht relevant sind, zum anderen müssen Sie sich einen Überblick verschaffen, ob Ihre Suche

Literatur auswerten

wichtige Aspekte außer Acht lässt. Die erste Informationsquelle ist dafür sicherlich das Abstract oder die Zusammenfassung der Quelle. Sortieren Sie offensichtlich falsche Treffer gleich aus. Die Quellen, bei denen Sie nicht sicher sind, ob sie für Sie nützlich sind, sollten Sie dann kurz überfliegen und entscheiden, ob Sie sie gründlich lesen möchten. Versuchen Sie, ökonomisch vorzugehen. Beim Auswerten der Literatur ist es hilfreich, wenn Sie die Quellen „befragen". Lesen Sie die Literatur immer mit einem Ziel (z. B. zuerst einen Überblick gewinnen; welche Theorien gibt es? Später bei empirischen Arbeiten: methodisches Vorgehen und Ergebnisse und deren Interpretation herausfinden). Hilfreich ist es, wenn Sie relevante Passagen in den Kopien unterstreichen und sich Notizen machen.

In der Regel erweist es sich als Irrglaube, dass man den Einführungsteil der Arbeit am Ende, nachdem man „alles" gelesen hat, nur noch aufzuschreiben braucht. Das Aufschreiben gelingt nur, wenn Sie gut vorgearbeitet haben. Spätestens beim Schreiben empfiehlt es sich, dass Sie parallel die Quellenliste anlegen. Die Literaturliste muss den Richtlinien zur Manuskriptgestaltung der APA bzw. der DGPs entsprechen (siehe Kapitel 3.4).

Was tun, wenn Sie zu wenig Literatur gefunden haben?

mehr Literatur finden
- Suchbegriffe: Haben Sie wichtige Schlagworte außer Acht gelassen? Finden Sie im Index weitere Begriffe, die relevant sein könnten? Haben Sie versucht, die Suchbegriffe zu trunkieren?
- Suchorte: Haben Sie in allen relevanten Datenbanken und Katalogen gesucht? Gibt es noch speziellere (oder offenere) Suchmaschinen, die Sie nutzen können?
- Schneeballmethode: Nehmen Sie die relevante Literatur zur Hand und durchsuchen Sie die Literaturverzeichnisse – wurden Artikel oder Bücher zitiert, die auch für Sie relevant sind?

Was tun, wenn Sie zu viel Literatur gefunden haben?

Auswahl eingrenzen
- Eingrenzen: Grenzen Sie Ihr Thema genauer ein. Verwenden Sie den Boole'schen Operator AND/UND, um Suchbegriffe zu verknüpfen oder NOT/NICHT, um Treffer auszuschließen, die nicht zu Ihrem Thema passen.
- Überblick verschaffen: Schauen Sie sich die Beschreibungen der Bücher und die Abstracts der Forschungsartikel an.

Achten Sie darauf, ob einzelne Titel tatsächlich zu Ihrem Thema passen, und lesen Sie nur die, die einen passenden Eindruck machen.
- Qualitätsaspekte: Wählen Sie aus Ihren Treffern vor allem die hochwertigen Texte aus: Achten Sie auf renommierte Autorinnen in Ihrem Forschungsgebiet und darauf, ob Forschungsartikel in einer Fachzeitschrift mit Peer-Review bzw. ob Bücher bei einem wissenschaftlichen Verlag herausgegeben wurden. Prüfen Sie auch, ob Sie die Argumentation für stichhaltig und die Methode für sorgfältig halten. Lassen Sie qualitativ schlechte Texte weg.

Ein letzter Tipp zur Recherche noch: Legen Sie Ihre Literaturauswahl Ihrer Betreuerin bzw. ihrem Betreuer frühzeitig vor, um wichtige Hinweise zu Ihrer Literaturrecherche und -auswahl zu erhalten.

Im Online-Material können Sie Ihr Verständnis prüfen (Quiz 3).

3.4 Korrektes Zitieren in der Psychologie

In Kapitel 3.3.2 haben wir es ja schon betont: Achten Sie darauf, alle verwendeten Quellen zu kennzeichnen. Informationen, die Sie Werken fremder Autorinnen und Autoren wortwörtlich oder dem Sinn nach übernommen haben, müssen Sie mit einem Hinweis auf die Quelle kennzeichnen, ansonsten handelt es sich um ein Plagiat. Für das Zitieren in der Psychologie gibt es Richtlinien, die genau festlegen, wie Zitate formatiert werden müssen. Da Sie Ihre Bachelorarbeit in der Psychologie anfertigen, ist es wichtig, dass Sie diese genau befolgen. (Die Dokumentationspflicht besteht natürlich auch in allen anderen Fächern, allerdings unterscheiden sich oft die erforderlichen Formate zwischen den Fächern). Detailliert nachlesen kann man die Vorschriften in den *Richtlinien zur Manuskriptgestaltung* der DGPs (2019) und im *Publication Manual* der APA (2020). Hier finden Sie für jeden Spezialfall die richtige Formatierung Ihrer Zitationen. Wir möchten deshalb nur auf ein paar der häufigsten Fälle eingehen: direkte und indirekte Zitate sowie im Literaturverzeichnis die Darstellung von Zeitschriftenartikel, Büchern und Buchkapiteln. Die Regeln verdeutlichen wir jeweils mit fiktiven Beispielen.

keine Plagiate!

Was muss überhaupt mit Quellen belegt werden? Hier gibt es einen Unterschied zwischen den Regeln guter wissenschaftlicher Praxis und dem Urheberrechtsgesetz. Urheberrechtlich geschützt ist grundsätzlich nicht eine Idee, eine Erkenntnis oder eine Theorie, sondern das „Werk" bzw. die kreative Leistung. Nach dem Urheberrecht ist es also nicht nötig, eine Quelle anzugeben, wenn Sie z. B. eine Theorie, ein Forschungsdesign oder eine Erkenntnis aus der Forschung in eigenen Worten wiedergeben, sondern nur, wenn Sie wörtlich zitieren, also den genauen Wortlaut (die kreative Leistung der Urheberin bzw. des Urhebers) abschreiben. Anzugeben, auf welche Quellen Sie sich stützen, um Ihre eigenen Forschungsfragen herzuleiten oder Ihre Ergebnisse zu erklären, entspricht aber den Regeln guter wissenschaftlicher Praxis. Diese Quellennennung dient dem Respekt der Leistung der Forscherinnen und Forscher vor Ihnen und darüber hinaus ermöglicht dies, dass Ihre Gedanken an den Originalquellen nachvollzogen werden können. Ein wissenschaftliches Plagiat begeht demnach, wer Ideen oder Argumente (auch in eigenen Worten) von Anderen nutzt, ohne die Herkunft anzugeben.

3.4.1 Quellenhinweise im Text

Bereits im Text weisen Sie jeweils darauf hin, aus welcher Quelle Sie wörtlich (direktes Zitat) oder sinngemäß (indirektes Zitat) eine Idee übernommen haben. Anders als in anderen Disziplinen werden die Quellen nicht durch Fuß- oder Endnoten dargestellt, sondern durch Nennung der Autorinnen und Autoren eines zitierten Werks und dem Jahr seiner Veröffentlichung, die ausführlichen Quellenangaben folgen am Ende des Texts (siehe Kapitel 3.4.2).

indirekte Zitate Für indirekte Zitate, also sinngemäße Übernahmen aus Texten, gibt es zwei Möglichkeiten:

1. Der häufigere Fall ist, dass eine Aussage getroffen wird und am Ende dieser Aussage stehen Autorinnen und Erscheinungsjahr als Quelle in Klammern.
2. Weniger häufig, aber auch zulässig ist, dass Autoren- und Autorinnennamen gefolgt vom Erscheinungsjahr in Klammern in den Text eingeflochten werden. Das ist vor allem wichtig, wenn die Quelle betont werden soll.

> Bereits Parker (2011) wies auf die Wichtigkeit einer sorgfältigen Nennung der Quellen im Text hin. Am einfachsten ist, wenn bereits beim Schreiben Quellenangaben integriert werden, so passieren weniger Fehler, die schließlich als Plagiat missverstanden werden könnten (Wayne & Kent, 2009).

Folgende Regeln und Sonderfälle sollten Sie beachten:

- *Bei drei und mehr Autorennamen nennen Sie nur beim ersten Mal alle Namen. Ab der zweiten Nennung kürzen Sie mit „Autor 1 et al." (= und andere) ab.*
- *Ab sechs Autorennamen dürfen Sie schon bei der ersten Nennung mit „et al." abkürzen.*
- *Bei zwei und mehr Autorennamen steht vor dem letzten Namen ein „und" bzw. „&". Im Text integrierte Quellen verwenden dabei immer das „und", z. B. Wayne und Kent (2009). In der Klammer steht das „&", z. B. (Wayne & Kent, 2009).*
- *Wenn Sie mehrere Beiträge der gleichen Autorengruppe hintereinander zitieren, listen Sie die Jahreszahlen durch Kommas getrennt auf (Wayne & Kent, 2009, 2010). Die Sortierung ist dabei aufsteigend nach Jahren.*
- *Wenn Sie in einer Klammer mehrere verschiedene Quellen auflisten, sortieren Sie diese alphabetisch nach dem Namen der Erstautorin bzw. des Erstautors. Getrennt werden die Quellen mit einem Semikolon (Parker, 2010; Wayne & Kent, 2009, 2010).*
- *Wenn Sie (egal wo im Text) verschiedene Beiträge der selben Autorinnen und Autoren zitieren, die im gleichen Jahr veröffentlicht wurden, dann kennzeichnen Sie die einzelnen Beiträge mit a, b, c usw. hinter der Jahreszahl (Kent, 2007a, 2007b).*
- *Wenn Sie noch Fragen haben, schauen Sie in die Richtlinien zur Manuskriptgestaltung der DGPs (2019) oder in das Publication Manual der APA (2020).*

Wörtliche bzw. direkte Zitate sind in der Psychologie sehr selten und sollten nur sparsam eingesetzt werden. Sie sind durch Anführungszeichen („Gänsefüßchen") um den wörtlich übernommenen Text herum gekennzeichnet. Zusätzlich nennen Sie die Autorinnen und Autoren sowie die exakte Fundstelle des Zitats, z. B. (Parker, 2011, S. 123). Wichtig ist, dass der Text wirklich exakt übernommen wird, z. B. auch mit Schreibfehlern. Um zu markieren, dass man einen Schreibfehler bemerkt hat, den man aber nicht ändern darf, kann man ein [sic!] in Klammern einfügen.

direkte Zitate

„Texte oder Ideen ohne Kennzeichnung der Quellen zu übernehmen, stellt den Tatbestand des Plagiats dar" (Kent, 1998, S. 34).

Übrigens: Bei allen Quellen, die Sie zitieren, wird davon ausgegangen, dass Sie die Originalquelle tatsächlich gelesen haben. Passen Sie auf bei der Übernahme von Zitaten aus dritten Quellen, sogenannten Sekundärzitaten. Die Originalquelle könnte auch falsch oder verzerrt zitiert worden sein. Sie würden den Fehler dann übernehmen, ohne dass Sie es merken. Falls die Originalquelle jedoch nicht zugänglich ist, gibt es auch Möglichkeiten,

Sekundärzitate

ein Zitat als aus einer dritten Quelle übernommen zu kennzeichnen (siehe APA, 2020; DGPs, 2019). Im Literaturverzeichnis wird dann nur die dritte Quelle aufgeführt, aus der man das direkte oder indirekte Zitat übernommen hat. Die Originalquelle wird im Literaturverzeichnis nicht gelistet.

> Sekundärzitate, also das Zitieren aus dritten Quellen, sind in der Psychologie nicht gebräuchlich. Nach Möglichkeit sollte versucht werden, diese zu vermeiden (Kent, 2007, zitiert nach Wayne, 2009).

3.4.2 Quellenhinweise im Literaturverzeichnis

Als letztes Kapitel Ihrer Bachelorarbeit vor dem Anhang erscheint das Kapitel „Literatur". Hier führen Sie alle Quellen, die Sie im Text zitiert haben, noch einmal mit genauen Angaben auf. Auf keinen Fall nennen Sie hier Literatur, die Sie im Text nicht verwendet haben. Hier wieder ein paar Grundregeln, zu denen Sie bei der DGPs (2019) und APA (2020) noch weitere finden:

- *Die einzelnen Quellen im Literaturverzeichnis werden alphabetisch sortiert. Tipp: Die meisten Textverarbeitungsprogramme machen das automatisch. Markieren Sie alle Quellen und wählen Sie eine alphabetische Sortierung der Absätze.*
- *Das Literaturverzeichnis wird mit einem Sondereinzug hängend formatiert. Das heißt, die zweite und jede weitere Zeile einer Quellenangabe ist nach hinten eingerückt (i. d.R. um 1,25 cm).*

Hier nun die Formatierungsvorschriften für die drei wichtigsten Textarten, die Sie wahrscheinlich auch in Ihrer Bachelorarbeit zitieren:

1 **Zeitschriftenartikel:** Zeitschriftenartikel werden wahrscheinlich Ihre häufigste Quelle sein. Geben Sie die Nachnamen sowie die Vornamensinitialen der Autorinnen und Autoren an. Es folgen das Erscheinungsjahr in Klammern und ein Punkt. Als nächstes erscheint der Titel des Beitrags. Dahinter stehen kursiv der Titel der Zeitschrift und die Ausgabennummer. Nach einem weiteren, nicht kursiv stehenden Komma werden die Seiten angegeben, auf denen man den Artikel findet.

> Wayne, B. & Kent, C. (2009). Titel des Zeitschriftenartikels. *Titel der Zeitschrift, 1*, 123-234.

- Wenn eine Autorin bzw. ein Autor mehrere Vornamensinitialen hat, lassen Sie eine Leerstelle zwischen den einzelnen Initialen, z. B. Autorin, A. A.
- Bei englischen Zeitschriftenartikeln schreiben Sie im Titel alle Anfangsbuchstaben klein außer dem ersten, Eigennamen (z. B. Internet) und dem ersten Buchstaben nach einem Doppelpunkt oder Punkt
- Bei mehreren Autorennamen steht vor der letzten Autorin ein &. Das gilt für alle Quellenarten, nicht nur für Zeitschriftenartikel.
- Tipp: Alle Angaben finden sich in der Regel auf der ersten Seite eines Zeitschriftenartikels (siehe Abbildung 3.1).

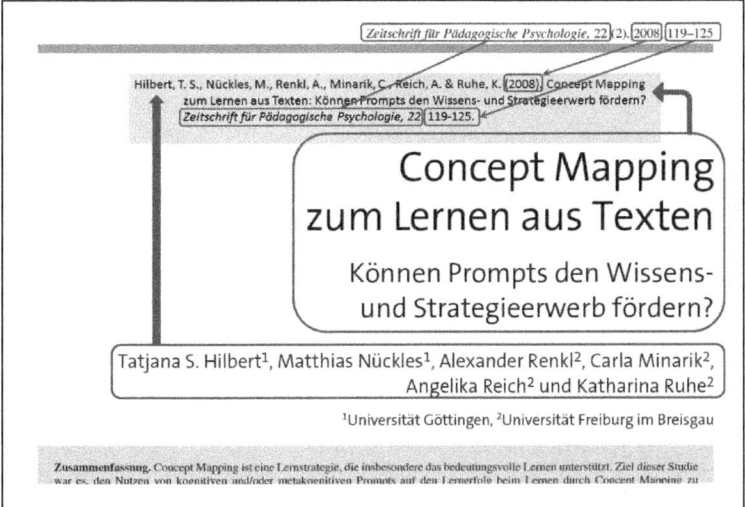

Abbildung 3.1 Auf der ersten Seite eines Zeitschriftenartikels stehen alle wichtigen Informationen für Ihr Literaturverzeichnis.

2 **Bücher:** Auch bei Büchern beginnen Sie mit den Namen und der Jahreszahl. Dann folgt kursiv der Titel des Buchs. Nach einem Punkt folgen der Ort des Verlags, ein Doppelpunkt und der Verlag.

Wayne, B., Kent, C. & Parker, P. (2011). *Titel des Buchs*. München: Ernst Reinhardt.

Die wichtigen Angaben finden Sie gleich, wenn Sie das Buch aufschlagen, auf einer der ersten Seiten (siehe Abbildung 3.2).

50 | Literatur! Die theoretische Einbettung der Forschungsfrage

Abbildung 3.2 Am Anfang jedes Buchs gibt es eine Seite mit den Verlagsinformationen, die Sie für die korrekte Quellenangabe in Ihrem Literaturverzeichnis benötigen.

3 **Buchkapitel:** In Herausgeberbänden ist jedes Kapitel von anderen Autorinnen und Autoren geschrieben. Deshalb reicht es nicht aus, die Herausgeber des Buchs zu zitieren, denn der Text ist ja von den Autorinnen und Autoren des Buchkapitels verfasst worden. Sie geben zunächst die Autorinnen und Autoren des Buchkapitels an. Hinter der Jahreszahl folgt der Titel des Buchkapitels. Dann nennen Sie die Buchquelle beginnend mit „In" und der Herausgeberin bzw. den Herausgeberinnen. Bei den Herausgeberinnen und Herausgebern steht, anders als bei den Autorinnen und Autoren, zuerst die Vornamensinitialen und dann der Nachname. Es folgen der Hinweis „(Hrsg.)" und ein Komma, dann kursiv der Titel des Buchs und schließlich in Klammern die Seiten, auf denen das Kapitel zu finden ist. Nach einem Punkt werden Ort und Verlag genannt.

! Parker, P. (2011). Titel des Buchkapitels. In E. Editor & F. Freund (Hrsg.), *Titel des Buchs* (S. 123-234). München: Ernst Reinhardt.

weitere Regeln

Wie erwähnt, finden Sie viele weitere Spezifikationen mit Beispielen bei der DGPs (2019) und der APA (2020). Dass die Vorschriften so detailliert sind, mag Ihnen vielleicht übertrieben vorkommen. Für den wissenschaftlichen Austausch hat sich die Einhaltung einer einheitlichen Konvention aber bewährt. Sie hat den Vorteil, dass man, wenn man die Regeln mal kennt, immer genau weiß, wo man die Originalquelle findet bzw. suchen kann. Wenn Sie mit Literaturverwaltungssoftware umgehen können, z. B. mit *Citavi*, sehen Sie, dass diese Formatierungsregeln programmierbar sind, was die Erstellung des Literaturverzeichnisses im erforderlichen Format am Ende Ihrer Bachelorarbeit erleichtert.

Tipps zum Schluss

Der Theorieteil fällt vielen Autorinnen und Autoren (nicht nur Bachelorstudierenden) zunächst schwer. Dieser Teil einer wissenschaftlichen Arbeit muss alle wichtigen Informationen präsentieren, damit die Forschungsarbeit verstanden und nachvollzogen werden kann. Das sieht erst einmal nach einer sehr großen Aufgabe aus, denn es gibt so vieles zu wissen und zu berichten.

Verzetteln Sie sich nicht beim Schreiben Ihres Theorieteils und denken Sie daran, dass Sie kein umfassendes Buch schreiben, sondern über Ihre Forschungsarbeit berichten. Deshalb müssen Sie auch keine umfassende Geschichte der Psychologie im Allgemeinen und Ihres Themas im Speziellen schreiben, sondern gezielt zu Ihrem Thema, also zu Ihren Hypothesen hinleiten. Wenn Sie die Tipps und Regeln aus diesem Kapitel berücksichtigen, wird Ihnen das sicherlich gelingen. Grenzen Sie Ihr Thema mithilfe der Übungsaufgaben und Tipps aus Kapitel 3.2 ein und planen Sie genau, welche Theorien und Experimente Sie beschreiben möchten, und welche Argumente Sie nutzen, um zu Ihren Hypothesen hinzuleiten. Diese Planung müssen Sie dann „nur" noch ausformulieren. Mit einer gut geplanten und zielgerichteten Literaturrecherche bekommen Sie alle wichtigen Informationen, die Sie dazu benötigen (siehe Kapitel 3.3). Zu diesem Abschnitt gibt es zusätzliches Online-Material. Und die Quellen, die Sie benutzt haben, zitieren Sie dann noch nach den Regeln der Psychologie (siehe Kapitel 3.4).

Ausblick auf Kapitel 4

In Kapitel 4 geht es um den Methodenteil der Bachelorarbeit. Für dieses Kapitel bekommen Sie alle Informationen aus Ihrer Arbeit selbst. Und es wird Sie sicherlich freuen, zu lesen, dass die Regeln zum Schreiben eines Methodenteils sich fast wie ein

Kochrezept lesen. Die Gliederung ist stark durch Konventionen vorgegeben und so füllen Sie im Methodenteil ein vorgegebenes Gerüst mit Ihrem Inhalt.

Im Online-Material können Sie Ihr Verständnis prüfen (Quiz 4).

Tipps zum Weiterlesen:

American Psychological Association. (2020). *Publication manual of the American Psychological Association* (7th ed.). Washington, DC: American Psychological Association.

Bem, D.J. (2003). *Writing the empirical journal article.* Zugriff am 30.07.2019 unter http://dbem.ws/WritingArticle.pdf

Deutsche Gesellschaft für Psychologie. (2019). *Richtlinien zur Manuskriptgestaltung* (3., überarbeitete und erweiterte Aufl.). Göttingen: Hogrefe.

Weber, D. (2017). *Die erfolgreiche Abschlussarbeit für Dummies* (3. Aufl.). Weinheim: Wiley-VCH.

4 Und *wie* jetzt?
Methoden und Versuchspläne

Ziel des Methodenteils ist es, die in der eigenen Arbeit verwendete Methodik so darzustellen, dass andere Forscherinnen und Forscher die Arbeit nicht nur nachvollziehen, sondern prinzipiell auch replizieren können. Dazu ist es wichtig, dass Sie im Methodenteil genau beschreiben, mit welchen Personengruppen Sie gearbeitet haben, welches Forschungsdesign Sie entwickelt haben und welche Materialien Sie eingesetzt haben. Zusätzlich wird der genaue Untersuchungsablauf beschrieben. Haben Sie eine Auswertungsmethode verwendet, die sich nicht auf den ersten Blick erschließt (z. B. zur Kodierung von Interview- oder Videodaten etc.), so erläutern Sie diese in nachvollziehbarer Weise.

Ziele / Inhalte des Methodenteils

Der Methodenteil gibt – über den genauen Ablauf und das Forschungsdesign hinaus – auch Hinweise auf die Güte der durchgeführten Studie sowie auf eventuelle Mängel. Für den Theorieteil Ihrer Arbeit lesen Sie eine Vielzahl von Forschungsartikeln, in denen Studien und die methodische Vorgehensweise beschrieben werden. Wenn Sie sich auf diese Arbeiten stützen, sollten Sie prüfen, ob die wissenschaftliche Qualität gesichert ist. Sie konzentrieren sich bevorzugt auf solche Arbeiten, die Sie als sorgfältig durchgeführt beurteilen. Wenn Sie einen Review schreiben, kann die wissenschaftliche Qualität, wie Sie z. B. im Methodenteil von Forschungsartikeln zum Ausdruck kommt, auch ein Ein- oder Ausschlusskriterium für die Verwendung in Ihrer Bachelorarbeit sein.

wissenschaftliche Qualität

> *Nach diesem Kapitel können Sie ...*
> *... Versuchspläne nach ihrer wissenschaftlichen Aussagekraft unterscheiden.*
> *... sich für abhängige und unabhängige Variablen sowie Kontrollvariablen für Ihre Studie begründet entscheiden.*
> *... unterscheiden, welche Inhalte in Ihrem Methodenteil Eingang finden müssen, und wissen, wie Sie sie übersichtlich und nachvollziehbar beschreiben.*

4.1 Wie kommt man zu den Informationen im Methodenteil? Stichwort: Versuchsplanung

Im Methodenteil der Bachelorarbeit berichten Sie, wie Sie bei der Planung und Durchführung der Untersuchung vorgegangen sind. Zu diesem Abschnitt gibt es zusätzliches Online-Material. Im Nachhinein ist dieser Teil der Arbeit also relativ leicht zu schreiben, da Sie ja alle Informationen zu der eigenen Untersuchung haben.

Planung der Studie

Die Herausforderung besteht in der sachgerechten Planung der Untersuchung. Daher werden wir im Folgenden einige Grundbegriffe und -konzepte der Versuchsplanung vorstellen, die Sie kennen müssen.

4.1.1 Echte Experimente, Quasiexperimente und Korrelationsstudien

Forschungsmethoden

Wir haben in Kapitel 2 schon erwähnt, dass Wissenschaftlerinnen und Wissenschaftler, und das gilt auch für Psychologinnen und Psychologen und alle, die Bachelorarbeiten schreiben, neugierige Menschen sind. Deshalb besteht eine der Hauptaufgaben einer Wissenschaftlerin bzw. eines Wissenschaftlers darin, Fragen zu stellen und diese auch möglichst zuverlässig zu beantworten! Dabei gibt es vor allem zwei Methoden, mit denen man die Fragen erforscht:

> 1 Korrelative oder beobachtende Methoden, die natürliche Phänomene so beobachten, wie sie vorkommen. Ziel ist es in der Regel, die Phänomene zu beschreiben.

Das könnte z. B. bedeuten, dass man Schülerinnen und Schüler vor den Rechner setzt und sie beim Recherchieren von Informationen laut denken lässt. Zusätzlich könnten z. B. alle Aktionen auf dem Rechner aufgezeichnet werden. Dann analysiert man systematisch, wie die Schülerinnen vorgegangen sind, um mehr darüber zu erfahren, welche Strategien die Schülerinnen verwenden und vielleicht auch, welche Strategien schneller zum Erfolg führen. Auch Leas Bachelorarbeit, in der sie mittels eines Online-Fragebogens die Einstellungen von Schülerinnen und Schüler und Lehrerinnen und Lehrer zu Unterrichtsstörungen erfasste, fällt in die Kategorie der korrelativen und beschreibenden Methoden.

2 Verwendet man experimentelle Methoden, beeinflusst und variiert man gezielt die Umgebung.

Das kann dadurch geschehen, dass z. B. eine Gruppe ein bestimmtes Unterrichtsmaterial bekommt und die andere nicht, oder dass verschiedene Gruppen unterschiedliche Informationen oder Unterstützung erhalten *(siehe z. B. die Bachelorarbeiten von Tobias und von Waltraud und Valerie, Kapitel 1.4.1 und 1.4.2).* Ziel ist es, dadurch zu erklären, wie sich die variierten Bedingungen auf eine gemessene Größe, z. B. den Lernerfolg, auswirken.

Ein Beispiel könnte eine Untersuchung sein, mit der man klären möchte, ob Störungen beim Lernen zu schlechteren Behaltensleistungen führen. Dazu könnten zwei Gruppen gebildet werden, die eine lernt unter störungsarmen, die andere unter störungsreichen Bedingungen. Die anderen Faktoren hält man konstant, d. h. alle bekommen also das gleiche Lernmaterial, die gleiche Lernzeit, den gleichen Test, die Zuteilung zu den Gruppen erfolgt per Zufall, um systematische Unterschiede zwischen den Gruppen auszuschließen. Ist der Lernerfolg in den beiden Gruppen unterschiedlich, kann das auf die Störungen als ursächlichen Faktor zurückgeführt werden.

Trotz der Unterschiede haben korrelative und experimentelle Methoden auch einige Gemeinsamkeiten, die die Qualitätsmerkmale von wissenschaftlicher Forschung ausmachen:

Qualitätsmerkmale

1 Es handelt sich in allen Fällen um ein empirisches Vorgehen. Probleme in der psychologischen Forschung werden in der Regel nicht am Schreibtisch durch Nachdenken gelöst, sondern durch systematische Beobachtungen und Messungen in mehr oder weniger realistischen Situationen.

2 Es werden relevante Variablen gemessen. Man entwickelt und verwendet also Instrumente, mit denen Phänomene messbar gemacht werden können. So wie Längen in Zentimetern mit einem Zollstock und in Millimetern mit einem Messschieber gemessen werden oder Volumen in Litern z. B. mit einem Messbecher, versucht man psychologische Konstrukte ebenfalls messbar zu machen, z. B. Intelligenz in der Einheit IQ mit einem Intelligenztest oder Lernerfolg in der Einheit Anzahl gelöster Aufgaben mit einem Wissenstest.

Die Definition einer Messvorschrift für ein psychologisches Konstrukt bezeichnet man als Operationalisierung.

3 Bei der Beschreibung der Vorgehensweise bei einer empirischen Studie ist der Leitgedanke zentral, dass die Vorgehensweise so dokumentiert wird, dass sie prinzipiell durch andere oder auch durch die Forscherin bzw. den Forscher selbst wiederholt werden kann (Kriterium der Wiederholbarkeit). Es muss aufgrund der Beschreibung der Vorgehensweise möglich sein, die Studie genau zu replizieren, so dass mit hoher Wahrscheinlichkeit die gleichen oder ähnliche Ergebnisse herauskommen.

4 Damit Ergebnisse replizierbar werden, ist natürlich auch wichtig, dass die Person des Forschenden möglichst wenig Einfluss auf die Ergebnisse hat. Das heißt, Sie müssen zeigen, dass bzw. welche Maßnahmen Sie ergriffen haben, um die Durchführung, Auswertung und Interpretation objektiv und von Ihrer Person unabhängig zu gestalten. Das ist sicherlich nicht hundertprozentig möglich, aber ein sorgfältiges Vorgehen ermöglicht eine hohe Kontrolle über typische und vorhersehbare, die Objektivität beeinträchtigende Faktoren.

Damit Sie die Qualitätskriterien, die an die wissenschaftlichen Methoden gestellt werden, erfüllen können, brauchen Sie einen Plan, wie Sie die Forschungsarbeit anlegen (Design). Das ist dann auch genau der Plan, der prinzipiell wiederholt werden können müsste, sozusagen das Kochrezept für die Studie. Dieses „Kochrezept" nennt man Versuchsplan.

Ein Versuchsplan beschreibt den logischen Aufbau einer Untersuchung, die geeignet ist, die Daten zu erheben, die für die zuverlässige Prüfung der Hypothesen erforderlich sind.

Versuchspläne Versuchspläne haben zwei wichtige Aufgaben. Sie sollen 1. Antworten auf Forschungsfragen erbringen, indem sie eine sorgfältige Erhebung ermöglichen und 2. sollen sie unerwünschte Varianz kontrollieren, also dafür sorgen, dass nur das gemessen wird, was man tatsächlich messen will. Das ist wichtig, weil mit der Forschungsarbeit zuverlässige und valide Antworten auf eine bestimmte Forschungsfrage gefunden werden sollen. Mit einem Versuchsplan, der nicht sorgfältig ist, misst man auch zahlreiche andere Dinge (= Störfaktoren) mit und kann sich nicht mehr sicher sein, ob die gefundene Antwort auch tatsächlich zur Frage passt.

Also können Sie sich merken: Je besser das Design ist, desto aussagekräftiger und glaubwürdiger sind auch die Ergebnisse!

An Versuchspläne kann man folgende Qualitätskriterien anlegen:

1. Gute Versuchspläne kontrollieren die Ausgangsbedingungen der Teilnehmerinnen und Teilnehmer. Das ermöglicht es, Effekte mit größerer Sicherheit auf das zurückzuführen, was zwischen Vor- und Nachtest passiert ist. — **Kontrolle der Ausgangsbedingungen**

Aus diesem Grund erfassten Waltraud und Valerie in ihrer Podcast-Studie auch das Vorwissen der Teilnehmerinnen und Teilnehmer. So konnten sie kontrollieren, ob Unterschiede im Lernerfolgstest tatsächlich auf die experimentelle Variation oder (zumindest teilweise) auf Unterschiede in den Vorkenntnissen zurückzuführen waren.  **Waltraud und Valerie**

2. Absolut großartig ist es, wenn man aus der Zielgruppe die Teilnehmerinnen und Teilnehmer zufällig auswählen kann. Das ist oft sehr schwierig, aber es wäre ideal. Wenn man Personen zufällig auswählt, repräsentiert die Versuchsgruppe die Zielgruppe, für die man die gewonnenen Ergebnisse verallgemeinern möchte, viel besser als z. B. eine Subgruppe, die sich freiwillig meldet, denn freiwillige Versuchspersonen könnten sich schon systematisch von anderen Personen unterscheiden. Eine echte Zufallsstichprobe zu gewinnen, ist in der Regel schwierig. Beim Lesen von Forschungsartikeln werden Sie nur selten eine Arbeit finden, in der die Teilnehmerinnen und Teilnehmer an der Studie per Zufall ausgewählt wurden. — **Zufallsstichproben**

Auch in den Beispiel-Bachelorarbeiten, die uns in diesem Buch begleiten, wurden keine Zufallsstichproben untersucht. Tobias Stichprobe setzte sich aus zwei Schulklassen zusammen, die im regulären Unterricht an seiner Studie teilnahmen. **Tobias**

Waltraud und Valerie riefen per Aushängen an der Universität zur Teilnahme an ihrem Experiment zum Lernen mit Podcasts auf und versprachen die Teilnahme an einem Gewinnspiel sowie einen Schokoriegel als Dankeschön. — **Waltraud und Valerie**

Lea versandte den Link zu ihrem Onlinefragebogen per Email an ihr bekannte Schülerinnen und Schüler und postete den Link zusätzlich in sozialen Netzwerken wie z. B. facebook. Den Fragebogen füllten also auch nur Freiwillige aus, die sich von der Gesamtgruppe der Schülerinnen und Schüler oder auch Lehrerinnen und Lehrer z. B. in ihrer Affinität zum Internet unterschieden haben könnten. — **Lea**

Randomisierung 3 Wenn man mit einem experimentellen Design arbeitet, ist es sehr gut, wenn man die Teilnehmer randomisiert, also zufällig den Versuchsgruppen zuweist. Damit vermeidet man, dass sich systematische Unterschiede zwischen den Versuchsgruppen herausbilden.

Eine zufällige Zuweisung von Versuchspersonen zu den Versuchsgruppen ist das wichtigste Merkmal für ein echtes Experiment.

Waltraud und Valerie

Waltraud und Valerie z. B. ließen die Teilnehmerinnen und Teilnehmer zu Beginn des Versuchs Lose ziehen, um zu bestimmen, in welcher Versuchsgruppe sie an der Studie teilnahmen. Hätten sie die Teilnehmerinnen und Teilnehmer selbst wählen lassen, hätten sich wahrscheinlich vor allem diejenigen mit einer Präferenz für das Lernen mit Podcasts bzw. mit Lehrbüchern die jeweiligen Gruppen ausgesucht, was die Ergebnisse sicherlich beeinflusst hätte.

natürliche Gruppen

Manchmal ist eine randomisierte, also zufällige Zuweisung zu Untersuchungsgruppen nicht möglich, z. B. wenn man Geschlechtsunterschiede untersucht. Schließlich ist es nicht möglich, per Zufall zu bestimmen, wer männlich und wer weiblich ist.

Untersuchungen, die natürliche, nicht randomisiert zugewiesene Gruppen verwenden, nennt man Quasiexperimente.

Durch die nicht-zufällige Zuweisung zu den Versuchsgruppen ist die Interpretierbarkeit der Ergebnisse eingeschränkt. Schließlich können Unterschiede, die man in verschiedenen Gruppen misst, dann auch auf Unterschiede zurückführbar sein, die vor dem eigentlichen Versuch liegen. Wenn möglich, sollte man also die Verwendung natürlicher Gruppen oder eine freiwillige Wahl der jeweiligen Versuchsgruppe vermeiden.

Tobias

Tobias wies die Schülerinnen und Schüler in seiner Studie nicht per Zufall den beiden Versuchsgruppen zu, sondern griff auf natürliche Gruppen, nämlich die Klassen, zurück. Das hatte vor allem praktische Gründe, denn nur so war die Schule, mit der er zusammenarbeitete, bereit, ihn bei seiner Bachelorarbeit zu unterstützen. Möglich ist aber, dass die Schülerinnen und Schüler in beiden Klassen sich bereits vor der Studie z. B. in ihrem Interesse an Chemie oder Experimenten unterschieden und dass daher die Ergebnisse von Tobias Studie durch diese Vorbedingungen systematisch beeinflusst waren. Bei einer randomisierten, also zufälligen Zuweisung, hätte man mit größerer Sicherheit davon ausgehen können, dass das Interesse an Chemie vor der Untersuchung in beiden Gruppen gleich verteilt gewesen war.

4 Achten Sie darauf, dass Sie unerwünschte Effekte, die durch den Versuch selbst verursacht werden, vermeiden. Dazu gehört, dass alle Versuchspersonen die gleichen Informationen erhalten sollten (außer die Variation der Information gehört zum Design), dass alle die gleichen zeitlichen und räumlichen Bedingungen haben usw. Es darf nicht sein, dass das Ergebnis eines Versuchs dadurch beeinflusst wird, dass z. B. eine Anweisung anders gegeben wird, dass unterschiedlich viel Zeit für dieselbe Aufgabe zur Verfügung steht oder dass unterschiedliche Hilfestellungen oder Lösungshinweise gegeben werden.

Standardisierung

Waltraud und Valerie hielten z. B. die Lernzeit und das Lernmaterial in ihrem Versuch konstant. Damit der Lerninhalt in allen Gruppen identisch war, machten Waltraud und Valerie im Lehrbuchtext Tabellen und Abbildungen unkenntlich, denn diese hätte man ja auch im Podcast nicht sehen bzw. hören können. Der Podcast, also die gesprochene Version des Lehrbuchtextes, war 22 Minuten lang. Deshalb erhielten auch die Gruppen, die mit dem Lehrbuchtext lernten, genau 22 Minuten Zeit. Hätten sich die Gruppen in der Lernzeit unterschieden, wären Unterschiede im Lernerfolg nicht nur auf das Lernmaterial und die -situation zurückführbar gewesen, sondern auch auf die unterschiedliche Lernzeit.

B
Waltraud und Valerie

Anhand der oben genannten Merkmale und Qualitätskriterien kann man verschiedene Versuchspläne unterscheiden. Eine ausführliche Übersicht dazu gibt z. B. auch Rost (2013). Bei der (inhaltsfreien, kategorisierenden) Darstellung der Versuchspläne hat sich eingebürgert, dass man auf eine bestimmte Symbolik zurückgreift:

Versuchspläne

- X steht für ein Treatment, also für die Maßnahme, die die Teilnehmerinnen und Teilnehmer im Versuch erleben und deren Wirkung untersucht wird. Je nachdem erfahren Gruppen auch unterschiedliche Treatments, das wird dann mit X', X'' usw. gekennzeichnet.
- O steht für Observation, also für eine Messung, die in der Untersuchung durchgeführt wird.
- Erfährt eine Gruppe kein Treatment oder wird in dieser Gruppe kein Test/keine Observation durchgeführt, wird das mit einem Strich „–" gekennzeichnet.
- R steht für Randomisierung, damit ist gemeint, dass die Zuweisung der Probandinnen und Probanden auf verschiedene Gruppen zufällig geschah.
- EG steht für Experimentalgruppe, in der Regel ist das eine Gruppe, die das Treatment erfährt, das untersucht werden soll.

Darstellungssymbolik

- *KG* steht für Kontrollgruppe, in der Regel ist das eine Gruppe, die kein Treatment oder ein alternatives Treatment erfährt.

An diese Konvention zur Darstellung von Versuchsplänen möchten auch wir uns in diesem Buch halten, wenn wir Ihnen in der folgenden Tabelle 4.1 verschiedene gängige Versuchspläne vorstellen.

Versuchsplan wählen Tabelle 4.1 zeigt die wichtigsten Varianten von Versuchsplänen auf. Beachten Sie, dass in der Tabelle die Beurteilung der wissenschaftlichen Qualität und damit der Aussagekraft der vorgestellten Versuchspläne von oben nach unten zunimmt.

Tabelle 4.1
Versuchspläne mit kurzer Erläuterung, Bespielen und typischen Problemen *bzw. Schwächen*

Versuchsplan	Erläuterung	Beispiel	Typische Probleme/ Schwächen
– O – Einzelfallstudie	Bei dieser Art der Erhebung gibt es kein Treatment. Ein oder wenige Individuen bzw. Gruppen werden beobachtet.	Diese Art des Versuchsplans ist typisch für psychoanalytische Kontexte. Vielleicht kennen Sie ja die Geschichte vom kleinen Hans? Freud (1909) analysierte aufgrund der Briefe des Vaters die Ursachen für die Pferdephobie eines fünfjährigen Jungen.	Aussagen, die aus Einzelfallstudien abgeleitet werden, sind höchst spekulativ. Auch wenn aus der Analyse oft Kausalaussagen abgeleitet werden sollen, so ist dies doch kaum möglich. Vor allem ist eine Generalisierung der Ergebnisse unzulässig.
– X O Ein-Gruppen-Plan mit Treatment und Nachtest	Nach einem Treatment wird eine Messung durchgeführt. Ein Vortest findet nicht statt.	Dieser Versuchsplan kommt in (schlecht geplanten) Evaluationen häufig zum Einsatz, um Rückschlüsse auf die Wirkung einer Maßnahme zu ziehen. Eine Klausur am Ende des Semesters soll z. B. nicht nur Auskunft über den Lernerfolg der Studierenden geben, sondern auch darüber, ob die wichtigen Inhalte in der Veranstaltung gut vermittelt wurden.	Die Rückschlüsse, die aus solchen Untersuchungen gezogen werden, sind zwar etwas weniger spekulativ als bei den Einzelfallstudien, aber dennoch nicht zuverlässig. Die Ausgangsbedingungen sind unbekannt, also weiß man nicht, ob es durch das Treatment tatsächlich zu Veränderungen in der gewünschten Richtung kam.
O X O Ein-Gruppen-Plan mit Vortest, Treatment und Nachtest	Nach Messung der Ausgangsbedingungen findet das Treatment statt, danach wird erneut gemessen. Die Messungen vor und nach dem Treatment können verglichen werden, um Rückschlüsse auf Veränderungen zu ziehen.	Dieser Versuchsplan ist ebenfalls typisch für Evaluationsstudien. Ein Beispiel wäre, wenn ein Dozent in der ersten Semesterwoche einen Vortest schreiben lässt und dessen Ergebnisse am Ende des Semesters mit dem Klausurergebnis vergleicht.	Da die Ausgangsbedingungen kontrolliert werden, sind Aussagen zu Veränderungen möglich. Unklar bleibt aber immer, ob diese Veränderungen tatsächlich auf das Treatment zurückzuführen sind und nicht auf andere Einflüsse.

Wie kommt man zu den Informationen im Methodenteil? Stichwort: Versuchsplanung

Design	Beschreibung	Beispiel	Bewertung
EG: O X O **KG: O – O** Nicht randomisierter Zwei-Gruppen-Plan mit Vortest, Treatment und Nachtest	Nach Messung der Ausgangsbedingungen erfährt die Experimentalgruppe ein Treatment, die Kontrollgruppe nicht. Der Vergleich der Messung nach dem Treatment gibt Rückschlüsse auf die Wirkung des Treatments. Dieses Design sollte nur dann gewählt werden, wenn eine Randomisierung nicht möglich ist. Das ist oft im Feld der Fall.	Dieses quasiexperimentelle Design wird häufig verwendet, um natürliche Gruppen miteinander zu vergleichen. Ein Beispiel ist, wenn ein Unternehmen in einer Filiale auf den Spiegeln im Waschraum Aufkleber anbringt, die an das Händewaschen erinnern. In einer anderen Filiale erfolgt die Maßnahme nicht. Der Wasserverbrauch und die Häufigkeit von Infektionen unter den Mitarbeitern wird vor und nach Anbringen der Aufkleber gemessen. Steigt der Wasserverbrauch und sinkt die Häufigkeit von Infekten in der EG im Vergleich zur KG-Filiale, wirken die Aufkleber auf das Händewasch-Verhalten.	Eine Studie nach diesem Versuchsplan liefert gute Hinweise auf die Wirkung einer experimentellen Variation. Problematisch ist aber, dass systematische Unterschiede zwischen den Gruppen nicht vollständig kontrolliert werden können. Vielleicht hingen in der Stadt, in der die EG-Filiale aus dem Beispiel ist, im Untersuchungszeitraum Plakate aus, die zur Handhygiene aufriefen oder an einem der Standorte waren unter den Mitarbeitern mehr Eltern, die über ihre Kindergarten- und Schulkinder mit mehr oder anderen Keimen in Berührung kamen oder auch mehr für sorgfältiges Händewaschen sensibilisiert waren.
R → EG: O X O **R → KG: O – O** Randomisierter Zwei-Gruppen-Plan mit Vortest, Treatment und Nachtest	Ein klassischer Versuchsplan in der psychologischen Forschung. Die Probandinnen werden den Gruppen randomisiert zugewiesen, nach der Vortestung erfährt die EG ein Treatment, die KG nicht. Ein Gruppenvergleich der Messung nach dem Treatment gibt Aufschluss über die Wirkung des Treatments.	Beispiele für diesen Versuchsplan findet man in der Psychologie viele. Zum Beispiel könnte ein Forscher zunächst messen, wie viel Gramm Erbsen eine Gruppe von Kindern isst. Per Zufall wird die EG beim nächsten Essen gesagt, Erbsen seien das Lieblingsgericht einer beliebten Zeichentrickfigur. Essen die Kinder in der EG dann mehr Erbsen als in der KG?	Prinzipiell kann man mit diesem Versuchsplan Phänomene gut untersuchen und die Effekte auf das Treatment zurückführen. Eine allgemeine Kritik besteht in der Durchführung des Vortests: Er erlaubt zwar sicherzustellen, dass die Gruppen sich nicht unterscheiden, kann aber auch bereits zu Veränderungen (z. B. Sensibilisierung) führen.
R → EG1: O X O **R → EG2: O X′ O** **R → KG: O – O** Randomisierter Drei-Gruppen-Plan mit Vortest, Treatment und Nachtest	Diese Variation des experimentellen Versuchsplans führt zusätzlich eine Gruppe mit einer weiteren Version des Treatments oder einem Alternativtreatment ein. Natürlich sind diese Versuchspläne auch mit weiteren Gruppen denkbar.	Eine Variation der Studie zum Erbsen-Essen könnte so aussehen, dass einer Experimentalgruppe berichtet wird, Erbsen seien das Lieblingsgericht einer Zeichentrickfigur und einer anderen Experimentalgruppe, dass sie aus dem Fernsehen bekannter Mensch am liebsten Erbsen isst. Die Menge der Erbsen, die Kinder in EG1, EG2 und KG essen, wird verglichen.	Auch hier gilt die allgemeine Kritik, dass der Vortest die Bewusstheit der Testsituation erhöht und die Versuchspersonen beeinflussen könnte.
R → EG: – X O **R → KG: – – O** Randomisierter Mehr-Gruppen-Plan ohne Vortest	Dieser Versuchsplan mit ein oder mehreren Experimentalgruppen sieht eine Messung nur nach dem Treatment vor.	Auch diesen Versuchsplan trifft man häufig an. So zeigte Brunner (2010) z. B., dass Personen weniger Schokolade essen, wenn sie eine Waage sehen, als wenn keine Waage im Raum ist.	Zwar entfällt bei diesem Versuchsplan die Kritik, dass die Vortestung die Versuchspersonen beeinflusst. Dafür ist aber unsicher, ob die Randomisierung den gewünschten Effekt erbracht hat, die Probanden in Bezug auf wichtige systematische Störeinflüsse zufällig zu verteilen.

Tabelle 4.1. *Fortsetzung*

Versuchsplan	Erläuterung	Beispiel	Typische Probleme/ Schwächen
R → **EG1: O X O** R → **KG1: O – O** R → **EG 2: – X O** R → **KG2: – – O** Solomon-Vier-Gruppen-Plan	Dieser Versuchsplan wird eingesetzt, wenn sichergestellt werden soll, dass der Vortest die Messung nicht beeinflusst. Durch Vergleich der Gruppen ergeben sich Hinweise auf Effekte des Vortests und auf Interaktionen von Vortest und Treatment.	Ein Beispiel findet sich bei Hertel (2009), die mit diesem Design die Wirkung eines Trainings zur Beratungskompetenz von Lehrerinnen und Lehrern untersuchte.	Der Solomon-Vier-Gruppen-Plan bietet zwar viele Vorteile für die Aussagekraft einer Studie, wird aber eher selten angewandt. Das liegt wahrscheinlich vor allem daran, dass dieses Design vergleichsweise aufwändig ist.

Im Online-Material können Sie Ihr Verständnis prüfen (Quiz 5).

Für die Planung Ihrer eigenen Studie sollten Sie versuchen, das bestmögliche Design zu realisieren, das unter den gegebenen Rahmenbedingungen möglich ist. Wenn Sie also die Möglichkeit haben, Ihre Versuchspersonen randomisiert den Untersuchungsbedingungen zuzuweisen, ist das besser, als wenn Sie die Versuchspersonen selbst wählen lassen, oder wenn Sie bestehende Gruppen nehmen. Ist das nicht möglich, z. B. weil eine kooperierende Einrichtung das nicht vorsieht, oder weil Sie natürliche Gruppen (z. B. Männer und Frauen) untersuchen, ist es gut, wenn Sie einen Vortest einplanen, um sicherzustellen, dass sich die beiden Gruppen nicht bereits vor dem Treatment in dem interessierenden Merkmal unterscheiden. Für die Diskussion Ihrer Studie im letzten Kapitel Ihrer Bachelorarbeit, aber auch für die Qualitätsbeurteilung von Studien, die Sie zur Vorbereitung Ihrer Bachelorarbeit heranziehen, ist es ebenfalls sinnvoll, sich Gedanken zu Versuchsplänen zu machen und die Ergebnisse unter Berücksichtigung der Versuchspläne zu bewerten. Wie Sie in *Tabelle 4.1* gesehen haben, haben die Versuchspläne spezifische Schwächen, die sich auf die Zuverlässigkeit der aus den Arbeiten gezogenen Schlüsse auswirken.

Welche Versuchspläne wurden in den Beispiel-Bachelorarbeiten von Lea, Tobias und Waltraud und Valerie realisiert? Vergleichen Sie die Informationen, die Sie in Kapitel 1.4 zu diesen Bachelorarbeiten erhalten haben, mit Tabelle 4.1 und notieren Sie, welche Versuchspläne Sie hinter diesen Arbeiten vermuten. STOPP! Lesen Sie erst weiter, wenn Sie sich Gedanken gemacht haben. :-)

Die Beispiel-Bachelorarbeiten zeigen verschiedene Varianten von Versuchsplänen:

Wie kommt man zu den Informationen im Methodenteil? Stichwort: Versuchsplanung   63

- Leas Bachelorarbeit zu Unterrichtsstörungen: Da Lea mit ihrem Online-Fragebogen die Wahrnehmungen von Lehrerinnen und Schülerinnen zu Unterrichtsstörungen erfasste, gibt es in ihrer Studie zunächst zwar das „O", aber kein Treatment „X": **Lea**

$$- O -$$

Dennoch handelt es sich nicht um eine Einzelfallstudie, denn das Ziel war es nicht, kausale Aussagen zu treffen, sondern zu beschreiben. Ihre Untersuchung ist damit den korrelativen, beschreibenden Designs zuzuordnen. Sie vergleicht auch zwei natürliche Gruppen miteinander: Schülerinnen und Schüler auf der einen sowie Lehrerinnen und Lehrer auf der anderen Seite. Damit ergibt sich für diese Vergleiche ein quasiexperimenteller Versuchsplan. Das „X" ist die Unterscheidung in Lehrerinnen und Lehrer sowie Schülerinnen und Schüler.

$$EG1: - X\, O$$
$$EG2: - X'\, O$$

- Tobias untersuchte in zwei Klassen die Wirkung von Experimenten vs. Chemieunterricht mit Arbeitsblättern auf Motivation und Lernerfolg. Es ergibt sich folgender nicht-randomisierter Zwei-Gruppen-Plan mit Vortest, Treatment und Nachtest: **Tobias**

$$EG: O\, X\, O$$
$$KG: O\, X'\, O$$

X ist dabei der Chemieunterricht mit Experimenten und X' als Vergleich der traditionelle Chemieunterricht. Dass die Schülerinnen in der Kontrollgruppe nicht frei hatten, also überhaupt kein Treatment erfuhren, ist wichtig. In einer Freistunde hätten sie keine Gelegenheit gehabt, Chemieinhalte zu lernen, und das Ergebnis wäre kaum auf die Praxis übertragbar gewesen. Der alternative Unterricht mit Arbeitsblättern ist damit eine Standardkontrollgruppe, also eine Kontrollgruppe, die das übliche Treatment erhält.

- Waltraud und Valerie untersuchten in ihrer Studie vier Gruppen, die jeweils mit Podcasts oder Lehrbuch und an der Uni oder im Bus lernten. Man könnte sagen, dass Waltraud und Valerie einen randomisierten Vier-Gruppen-Plan mit Vortest, Treatment und Nachtest verwendet haben. Es gibt bei genauerer Betrachtung aber nicht nur ein Treatment, sondern zwei, nämlich die Variation von Lernmedium und Lernort. Und diese Treatments sind auf alle möglichen Arten kombiniert. Deshalb ist es eleganter, hier von einem randomisierten 2x2-Versuchsplan zu sprechen, der sich am besten in einer kleinen Tabelle darstellen lässt (siehe *Tabelle 4.2*): **Waltraud und Valerie**

Tab. 4.2 *Randomisierter 2x2-Versuchsplan mit Vortest, Treatment und Nachtest*

		Lernmedium	
		Lehrbuch	Podcast
Lernort	Universität	EG1: O X O	EG2: O X O
	Bus	EG3: O X O	EG4: O X O

4.1.2 Unabhängige Variablen, abhängige Variablen und Störvariablen

Variablen Mit den Versuchsplänen haben wir einen sehr wichtigen Begriff in Zusammenhang mit der Planung und methodischen Beschreibung Ihrer Studie besprochen. Ein zweiter wichtiger Begriff, dem wir uns nun widmen möchten, ist die Variable.

> Eine Variable ist eine veränderbare Größe und damit das Gegenteil einer Konstante.

Im vorangegangenen Abschnitt zu Versuchsplänen haben Sie die beiden wichtigen Formen von Variablen bereits kennengelernt, auch wenn wir sie so nicht genannt haben:

unabhängige Variablen

> Unabhängige Variablen sind die Variablen, die in einem Experiment von der Versuchsleiterin bzw. vom Versuchsleiter verändert (manipuliert) werden.

Wie Sie oben bei den Versuchsplänen gesehen haben, ergeben sich aus diesen, von der Versuchsleiterin bzw. vom Versuchsleiter bestimmten Manipulationen die einzelnen Versuchsgruppen. Die unabhängigen Variablen kann man aus den Hypothesen ableiten. Es sind die Variablen, bei denen man davon ausgeht, dass sie einen Einfluss auf das Ergebnis haben.

abhängige Variablen

> Abhängige Variablen sind die Variablen, die in einem Experiment gemessen werden, und bei denen man davon ausgeht, dass sie sich in Abhängigkeit von den unabhängigen Variablen verändern.

Im Versuchsplan sind das die Variablen, die vor und/oder nach dem Treatment gemessen werden.

Welche unabhängigen und abhängigen Variablen können Sie aus den Hypothesen unserer drei Beispiel-Bachelorarbeiten herauslesen? Schauen Sie sich die Hypothesen genau an und analysieren Sie, welche Variablen manipuliert werden und für welche Variablen postuliert wird, dass sie sich in Abhängigkeit von den unabhängigen Variablen verändern. Hier ist jeweils eine Hypothese aus den Bachelorarbeiten von Tobias, Waltraud und Valerie und Lea:

1 *Hypothese von Tobias: Das Interesse für Chemie ist in der Experimente-Klasse höher als in der Klasse mit traditionellem Unterricht.*
Unabhängige Variable: ?
Abhängige Variable: ?

2 *Hypothese von Waltraud und Valerie: Es gibt einen Unterschied im Lernerfolg zwischen den verschiedenen Lernbedingungen.*
Unabhängige Variable: ?
Abhängige Variable: ?

3 *Hypothese von Lea: Passive Unterrichtsstörungen werden als weniger störend eingeschätzt als aktive Unterrichtsstörungen.*
Unabhängige Variable: ?
Abhängige Variable: ?

STOPP! Lesen Sie erst weiter, nachdem Sie sich Gedanken zu den Variablen gemacht haben.

Die Beispielhypothese von Tobias nimmt einen Unterschied im Interesse an, je nachdem, in welcher Unterrichtsbedingung die Schüler waren. Also soll sich das Interesse in Abhängigkeit vom Unterricht ändern. Damit ist Interesse die abhängige und die Unterrichtsform die unabhängige Variable. **Tobias**

Waltraud und Valerie nahmen einen Unterschied im Lernerfolg in Abhängigkeit von der Lernbedingung an. Also ist hier der Lernerfolg die abhängige und die Lernbedingung die unabhängige Variable. **Waltraud und Valerie**

Bei Lea ist es etwas schwieriger. Gemessen wird, wie störend passive und aktive Unterrichtsstörungen eingeschätzt werden, die beiden Messwerte werden miteinander verglichen. Die beiden Einschätzungen werden von den gleichen Personen vorgenommen, und die Einschätzung soll laut Hypothese in Abhängigkeit davon, ob nach passiven oder aktiven Unterrichtsstörungen gefragt wird, unterschiedlich ausfallen. Die abhängige Variable ist also die Einschätzung. Variiert hat Lea, dass sie zwei Messwerte erhob, also bei jeder Person mit dem Online-Fragebogen zwei Werte für die Störeinschätzung erhoben hat. Die unabhängige Variable ist deshalb der Messwert oder der Messzeitpunkt, da entweder passive oder aktive Störungen abgefragt wurden. **Lea**

Welche abhängigen und unabhängigen Variablen können Sie aus Ihren eigenen Hypothesen ableiten?

Im Online-Material können Sie Ihr Verständnis prüfen (Quiz 6).

Eine weitere Form der Variable, die wir in wissenschaftlichen Untersuchungen – leider – finden, ist die Störvariable. **Störvariablen**

Störvariablen sind Faktoren, die einen unbeabsichtigten Effekt auf die unabhängige oder abhängige Variable haben.

Das können z. B. natürliche Reifungsprozesse sein, die bei einer Langzeitstudie auftreten, Ereignisse, die zwischen zwei Messzeitpunkten passieren, der Effekt der Messung selbst und der Bewusstheit der Messsituation und auch Merkmale der Versuchspersonen wie Geschlecht, Alter, Bildung, Vorwissen oder Zugehörigkeit zu bestimmten, bereits vor dem Experiment existierenden Gruppen.

Welche Störvariablen vermuten Sie in der von Ihnen geplanten Studie?

Störvariablen vermeiden

Leider kann man die Störvariablen nicht immer vollständig ausschalten. Aber es gibt ein paar Strategien, mit denen man ihnen begegnen kann:

- Randomisierung: Die zufällige Zuweisung zu den Gruppen schaltet systematische Unterschiede zwischen Gruppen, z. B. aufgrund von Vorlieben und Interessen, aus. Durch die Zufälligkeit verteilen sich die Personenmerkmale, die eventuell störend sind und das Ergebnis systematisch beeinflussen könnten, gleichmäßig auf alle Versuchsgruppen.
- Parallelisieren: Die Störvariable(n) wird gemessen, und die Gruppen werden so gebildet, dass sich die Störvariablen gleich verteilen (z. B. gleich viele Jungen und Mädchen in jeder Gruppe).
- Konstanthaltung: Durch die möglichst hohe Standardisierung der Versuchssituation werden Störfaktoren gering gehalten.
- Blindversuche: Die Personen, die den Versuch leiten und auswerten, sollten die Zuordnung einer Person zu den Versuchsgruppen nicht kennen. Auch die Versuchsperson selbst sollte erst nach dem Versuch über die Variation aufgeklärt werden. Dadurch können Erwartungen oder auch „nettes", hypothesenkonformes Verhalten die Ergebnisse nicht verfälschen.
- Elimination: Ja, alle Störfaktoren kann man nicht ausschalten. Aber prüfen Sie noch einmal, ob es nicht doch möglich ist, die Störfaktoren auszuschalten. Dazu ist es wichtig, dass Sie sich bereits bei der Planung Ihrer Untersuchung Gedanken dazu machen, welche Störfaktoren Ihre Ergebnisse beeinflussen könnten.
- Messen: Wenn die vermuteten Störvariablen mit erfasst werden, ist es in der Auswertung möglich, ihren Einfluss auf die abhängige Variable statistisch zu bestimmen und gegebenenfalls auch diesen Einfluss in der Auswertung herauszurechnen.

> Die Störvariablen, die man mit erfasst, nennt man Kontrollvariablen.

4.1.3 Operationalisierung von Variablen

psychologische Konstrukte messen

Wie wir oben bei der Definition des Begriffs Operationalisierung (= Messbarmachung) (Kapitel 4.1.1.) bereits erwähnt haben, sind psychologische Konstrukte (z. B. Motivation, Lernleistung, Intelligenz) in der Regel nicht direkt zugänglich, und wir müssen Möglichkeiten finden, wie sie messbar gemacht werden können. In Tabelle 4.1 mit den Versuchsplänen sehen Sie ein paar Möglichkeiten: So kann eine Klausur, also ein Lerntest, ein Maß dafür sein, wie viel Studierende in einer Lehrveranstaltung gelernt haben, oder auch dafür, wie gut die Lehre die wichtigen Inhalte und Kompetenzen vermitteln konnte. Ein solcher Lerntest muss in der Regel erst entwickelt werden. Dabei ist es wichtig, dass darauf geachtet wird, dass der Test auch tatsächlich die Lehr- und Lernziele der Lehrveranstaltung abfragt. Die Beispielstudie zum Händewaschen (siehe Tabelle 4.1) erfasste das Verhalten zum einen über den Wasserverbrauch in der Annahme, dass für häufigeres und gründlicheres Händewaschen mehr Wasser verbraucht wird. Zum anderen ist der Indikator für das Händewaschverhalten aber auch die Anzahl der Infektionskrankheiten bei den Mitarbeiterinnen und Mitarbeitern. Die Annahme dahinter ist, dass gründliches Händewaschen vor Infektionen schützt. Bei den geschilderten Beispielstudien, die untersuchten, ob Kinder mehr Lust auf Gemüse haben, wenn ihre Helden das Gemüse auch mögen, wird die Variable „Lust auf Gemüse" über die Menge gegessener Erbsen operationalisiert (siehe Tabelle 4.1). Analog maß auch Brunner (2010) in der in Tabelle 4.1 kurz beschriebenen Untersuchung, wie viel Schokolade die Versuchspersonen aßen, um die Selbstbeherrschung in Abhängigkeit von der Anwesenheit von Symbolen, die an das eigene Körpergewicht erinnern, zu erfassen.

Messinstrumente

Bei der Wahl des Messinstruments zur Operationalisierung der Variablen ist es wichtig, dass die Messinstrumente nachgewiesenermaßen tatsächlich und zuverlässig das messen, was sie messen sollen. Sie sollen das interessierende Konstrukt so gut wie möglich abbilden. Wenn Sie einige „klassische" Konstrukte messen möchten, können Sie oftmals auf ein bewährtes Instrument zurückgreifen. Soll zum Beispiel die Intelligenz gemessen werden, ist es naheliegend, einen Intelligenztest wie z. B. den I-S-T 2000R (Liepmann, Beauducel, Brocke & Amthauer, 2007) zu verwenden, von dem bekannt ist, dass er das Konstrukt objektiv, reliabel und valide erfasst, statt selbst ein Instrument zur Intelligenzmessung zu entwickeln. Selbst wenn nur eine Unterskala wie z. B. die Merkfähigkeit für Ihre Studie interessant ist, sollten Sie überlegen, die entsprechenden Subtests aus dem bewährten und geprüften Test für Ihre Untersuchung zu verwenden.

unabhängige Variablen operationalisieren

Auch die unabhängigen Variablen müssen operationalisiert werden. Damit ist gemeint, dass Sie geeignete Methoden finden müssen, mit denen Sie die gewünschte Manipulation herstellen können. Es geht also um die Frage, wie sich Experimentalgruppen unterscheiden. Die Variation der unabhängigen Variablen muss geeignet sein, Ihre Forschungsfragen zu untersuchen.

Lea

Lea hatte die Forschungsfrage gestellt, ob sich Lehrerinnen und Lehrer einerseits sowie Schülerinnen und Schüler andererseits in der Einschätzung der Störwirkung von Unterrichtsereignissen unterscheiden. Deshalb hat sie die unabhängige Variable „Status in der Schule" mit den Ausprägungen Lehrerinnen und Lehrer vs. Schülerinnen und Schüler gewählt, um die Einschätzungen der beiden Gruppen zu vergleichen. Um die Forschungsfrage zu untersuchen, hätte Lea auch eine Stichprobe erheben können, die ausschließlich aus Schülerinnen und Schülern bzw. Lehrerinnen und Lehrern besteht, und die Selbsteinschätzungen mit den Einschätzungen der entsprechenden anderen Gruppe vergleichen können. Die unabhängige Variable Selbst- vs. Fremdeinschätzung wäre aber wesentlich weniger geeignet gewesen, um glaubwürdige Antworten auf die Forschungsfrage zu erhalten.

Bei der Operationalisierung der unabhängigen Variablen ist es ebenfalls sinnvoll, dass Sie sich anschauen, wie andere Forscherinnen und Forscher dieses Problem gelöst haben. Wie haben die Autorinnen und Autoren der Forschungsartikel, die Sie gelesen haben und auf denen Ihre Arbeit aufbaut, die unabhängige Variable manipuliert? Ist es sinnvoll, dass Sie das übernehmen? Und: Ist die Manipulation gelungen? Im nächsten Abschnitt werden wir darauf eingehen, was eine Manipulation und eine Messung gelungen macht, und wie Sie mit Problemen bei der Realisierung des Untersuchungsdesigns umgehen können.

Welche Manipulation ist für Ihre unabhängige Variable geeignet? Wie können Sie Ihre abhängigen Variablen messen? Wie können Sie Ihre Störvariablen zur Kontrolle messen?

4.1.4 Gütekriterien einer wissenschaftlichen Untersuchung

In einer wissenschaftlichen Untersuchung kommt es nicht nur darauf an, dass die Qualität der Messung der Untersuchungsvariablen überprüft wird. Auch die Qualität der Studie an sich muss beurteilt werden.

Gütekriterien

> Die Kriterien, an denen man die Qualität einer Untersuchung beurteilt, sind die Gütekriterien.

Die drei Hauptgütekriterien sind Objektivität, Reliabilität und Validität.

> Unter Objektivität versteht man, dass die Messergebnisse weder durch die Durchführung der Messung, noch durch die Auswertung, noch durch die Interpretation der Ergebnisse durch Personen- oder Situationsmerkmale beeinflusst werden dürfen.

Objektivität

Eine Messung ist dann objektiv, wenn sie bei einem anderen Versuchsleiter, einer anderen auswertenden oder interpretierenden Person und auch an einem anderen Ort, in einer anderen Situation zum gleichen Ergebnis gekommen wäre. Damit das gelingt, muss die Messsituation möglichst standardisiert sein. Dies gelingt dann, wenn die Versuchsleiterinnen und Versuchsleiter genau wissen, wie sie die Probanden instruieren, wenn das Material (bis auf die experimentelle Variation) in allen Gruppen identisch ist, und wenn die Bedingungen, unter denen gemessen wird, also z. B. die zur Verfügung stehende Zeit oder ausreichende Licht- und Lärmverhältnisse, für alle gleich sind. Zur Sicherung der Objektivität bei der Auswertung und Interpretation der Messdaten liegen gut verständliche Anweisungen vor, und die Personen, die die Messungen auswerten und interpretieren, sind im Umgang damit gut geschult. Im Sinne der Objektivität ist es sinnvoll, wenn bei der Interpretation der Messwerte möglichst wenig Bewertungsspielraum gegeben ist. Ein Multiple-Choice-Lerntest ist aus Objektivitätssicht also z. B. wesentlich besser geeignet als ein Lerntest mit offenen Fragen oder gar ein Aufsatz. Damit Ihre Messung möglichst objektiv ist, können Sie folgende Tipps berücksichtigen:

Strategien für hohe Objektivität

- Standardisieren Sie die Testsituation so weit wie möglich: Erstellen Sie ein Manual, in dem (wortwörtlich) steht, was Sie zu Ihren Versuchspersonen sagen, in welcher Reihenfolge der Versuch abläuft, wie viel Zeit für einzelne Tests veranschlagen und in dem Sie Ihre Standardantworten auf Fragen, die die Versuchspersonen vielleicht haben, notieren. Verwenden Sie eine (Stopp-)Uhr, um die Zeit zu messen, und bereiten Sie den Versuchsraum oder die Versuchsräume so vor, dass Ihre Versuchspersonen immer die gleichen Bedingungen vorfinden. Versuchen Sie außerdem, eine professionelle Distanz zu Ihren Versuchspersonen zu wahren, selbst wenn befreundete Personen und Bekannte an Ihrem Versuch teilnehmen.
- Gestalten Sie Tests und Fragebögen so, dass möglichst viele Fragen durch Ankreuzen beantwortet werden können. Erstellen Sie bereits vor der Auswertung ein Manual, das Sie und weitere Auswerterinnen und Auswerter nutzen können, und in dem die Kriterien zur Auswertung möglichst exakt beschrieben sind. Ihr Ziel sollte sein, die Auswertung soweit wie möglich zu standardisieren. Falls möglich, lassen Sie die Auswertung durch einen Computer vornehmen. Trennen Sie die Auswertung von der Interpretation der Ergebnisse. Wertende Adjektive wie z. B. gut oder schlecht, schön oder hässlich haben in der Auswertung nichts verloren, sondern ausschließlich gut sichtbare (zählbare) Indikatoren.
- Verwenden Sie, falls vorhanden, Normskalen, um die Testwerte zu interpretieren. Legen Sie die Interpretation der Daten in klaren Wenn-Dann-Regeln fest. Gehen Sie bei allen Versuchspersonen und allen Versuchsgruppen bei der Interpretation der Ergebnisse gleich vor, fassen Sie also z. B. immer die gleichen Indikatoren zu einem Kriterium zusammen.

Illustriert am Beispiel des Körpergewichts, ist die Messung objektiv, wenn das Gewicht, das gemessen wird, immer das gleiche ist, egal wer das verwendete Messinstrument abliest, und wenn immer die gleichen Kriterien vorliegen, um das Messergebnis als normal, (zu) leicht oder (zu) schwer zu interpretieren.

Reliabilität

Unter Reliabilität oder auch Zuverlässigkeit einer Messung versteht man, dass das Messergebnis möglichst wenig durch Messfehler verfälscht wird.

Voraussetzung für eine hohe Reliabilität ist eine hohe Objektivität. Denn sonst liegt der Messfehler ja bereits in der Mess-, Auswertungs- oder Interpretationssituation und/oder den daran beteiligten Personen. Vollständig reliable Messungen würden, wenn man sie unter gleichen Bedingungen wiederholt, zum exakt gleichen Ergebnis führen. Da wir in der Psychologie mit Menschen arbeiten, ist es jedoch unwahrscheinlich, dass wir immer punktgenau zum selben Messwert kommen. Abhängig von z. B. der Tagesform, Alterungs- und Übungseffekten wird es bei fast jeder

Messung zu leichten Schwankungen kommen. In einem bestimmten Rahmen sind diese Schwankungen aber akzeptabel. Unsere Aufgabe als Forscherinnen und Forscher ist es, diese Schwankungen möglichst gering zu halten bzw. dafür zu sorgen, dass sie das Messergebnis nicht zu sehr beeinflussen. Es gibt mehrere Möglichkeiten, um festzustellen, wie hoch die Reliabilität einer Messung ist:

- Wiederholungsmethode:

Reliabilität testen

> Die Wiederholungsmethode überprüft die Reliabilität durch Wiederholung der Messung und Vergleich der Messergebnisse.

War die Reliabilität hoch, sind die Messergebnisse sehr ähnlich.

- Paralleltestmethode:

> Bei der Paralleltestmethode wird das Messergebnis mit dem Ergebnis eines vergleichbaren Messverfahrens verglichen oder auch mit einer alternativen Form des gleichen Tests.

Wichtig ist dabei natürlich, dass die beiden Tests tatsächlich parallel sind. Stimmen die Ergebnisse weitestgehend überein, ist der Test reliabel.

- Split-Half-Methode:

> Bei der Split-Half-Methode wird der Test zweigeteilt, z. B. erste und zweite Hälfte des Tests oder gerade und ungerade Items.

Ist das Ergebnis in beiden Testteilen sehr ähnlich, dann ist der Test reliabel. Die Art der Reliabilitätsmessung ist der Paralleltestmethode sehr ähnlich, die beiden Testteile sind dabei die parallelen Tests. Da aber nur der halbe Test für die Messung verwendet wird, müssen bei der statistischen Überprüfung der Reliabilität mit der Paralleltestmethode Korrekturen vorgenommen werden.

- Interne Konsistenz:

> Die interne Konsistenz gibt an, wie hoch die einzelnen Aufgaben oder Items, die zu einem Messwert beitragen, miteinander zusammenhängen.

Da die Grundidee beim Bilden eines Messwerts aus mehreren einzelnen Aufgaben oder Items darin besteht, dass diese dasselbe Konstrukt messen, sollten die Antworten der Versuchspersonen für die einzelnen Items/Aufgaben sehr ähnlich ausfallen. Statistisch berechnet man für die interne Konsistenz als Maßzahl Cronbachs Alpha.

- Interrater-Reliabilität:

> Mit der Bestimmung der Interrater-Reliabilität können Sie überprüfen, ob die Messungen von zwei oder mehr Beobachtern übereinstimmen.

Wenn Sie Messungen in Ihrer Untersuchung haben, die sich nicht einfach auszählen oder auf andere einfache Art auswerten lassen (z. B. Video- oder Schriftanalysen, Bewertung von Antworten auf offene Fragen o. ä.), ist es zur Sicherung der Reliabilität erforderlich, dass Sie zumindest einen Teil der Daten von mindestens zwei Auswertenden bearbeiten lassen und die Interrater-Reliabilität bestimmen. Wie das geht, wird sehr anschaulich von Wirtz und Caspar (2002) beschrieben.

Verwechseln Sie bitte nicht die Methoden zur Messung der Reliabilität mit den Maßnahmen zur Sicherstellung der Reliabilität! Wir haben oft in mündlichen Prüfungen erlebt, dass die Prüflinge auf die Frage, wie die Reliabilität einer Messung erhöht werden kann, dazu rieten, den Test zu halbieren. Davon wird der Test aber leider nicht zuverlässiger, sondern man erhält lediglich einen Hinweis darauf, ob der Test reliabel ist oder nicht. Um die Reliabilität sicherzustellen, bieten sich folgende Maßnahmen an:

Strategien für hohe Reliabilität

- *Die Objektivität einer Messung muss gegeben sein, denn sonst kann der Test nicht reliabel sein. Stellen Sie also mit den oben empfohlenen Maßnahmen die Objektivität sicher.*
- *Entwickeln Sie ein niedrig-inferentes Beobachtungsinstrument, d. h., entwickeln Sie Beobachtungsbögen (z. B. zur Videoanalyse o. ä.) so, dass das*

Verhalten möglichst direkt erfasst werden kann und die Beobachterinnen und Beobachter nicht interpretieren müssen. Trainieren Sie die Beobachterinnen und Beobachter in der Handhabung der Beobachtungsbögen.
- *Vertrauen Sie lieber auf mehrere kleine Messungen als auf eine große und fassen Sie die Ergebnisse der kleinen Messungen in einem Wert zusammen. Damit mitteln sich Fehler bei einzelnen Messzeitpunkten heraus. Dazu zählt z. B. auch, dass Sie in einem Lerntest mehr als eine Frage zu einem Lerngegenstand stellen oder in einem Motivationsfragebogen die Motivation über mehr als ein Item erfassen.*

Am Beispiel des Körpergewichts wäre die Messung reliabel, wenn bei ein- und derselben Person zu verschiedenen Tageszeiten immer das selbe (oder ein sehr ähnliches) Messergebnis herauskäme.

> Eine Messung ist dann valide, wenn sie tatsächlich das misst, was sie zu messen vorgibt.

Validität

Voraussetzung für die Validität einer Messung ist, dass sie objektiv ist (sonst würde man ja z. B. Fehler in der Durchführung messen) und dass sie reliabel ist (sonst würde man nicht nur das interessierende Konstrukt, sondern auch die Fehler messen). Um eine hohe Validität zu gewährleisten, ist es unerlässlich, dass Sie das zu messende Konstrukt gut definieren. Nur wenn Sie genau wissen, was Sie da eigentlich messen, können Sie auch einen validen Test auswählen bzw. konstruieren. Diese Tipps helfen Ihnen dabei, valide zu messen:

- *Definieren Sie das Konstrukt, das Sie messen möchten, möglichst präzise. Legen Sie dabei auch fest, aus welchen Merkmalen sich das Konstrukt zusammensetzt.*
- *Überprüfen Sie, ob Ihr Test das Konstrukt komplett abbildet. Falls Sie nur einzelne Merkmale messen, überlegen Sie, ob das sinnvoll ist, und ergänzen Sie gegebenenfalls weitere Items.*
- *Legen Sie Ihren Test einem oder mehreren Expertinnen und Experten vor und bitten Sie sie, die Validität des Materials einzuschätzen.*

Strategien für hohe Validität

Um noch einmal das Gewichtsbeispiel zu bemühen: Stellen Sie sich vor, wir hätten das Gewicht einer Person mit einem Zollstock gemessen. Mehrere Personen sind unabhängig zu dem Ergebnis gekommen, dass die Person 1,70 Meter schwer ist, auch bei wiederholten Messungen schwankt das Ergebnis nicht. Die Messung ist also objektiv und reliabel. Sie ist jedoch nicht valide! Mit einem Zollstock erfasst man zwar auch ein Körpermaß, jedoch nicht das Gewicht. Valide wäre die Messung dann, wenn wir das Gewicht in Kilogramm mit dem Messinstrument Waage messen.

interne Validität Bei den Versuchsplänen oben haben Sie schon gesehen, dass ein Versuchsplan als umso besser bewertet wird, je glaubwürdiger die Aussagen sind, die man aus den Ergebnissen ableiten kann. Auch dies hat etwas mit Validität zu tun. Man unterscheidet bei der Beurteilung, wie glaubwürdig eine Studie ist, in die interne und externe Validität.

> Eine hohe interne Validität liegt vor, wenn die Variation der abhängigen Variable sich eindeutig auf die unabhängige Variable und nicht auf andere Faktoren zurückführen lässt.

externe Validität Alternative Erklärungen soll es möglichst nicht geben. Valide ist die Studie dann deshalb, weil die Antworten, die gefunden werden, genau dem Ziel und den Forschungsfragen der Studie entsprechen.

Eine hohe externe Validität ist dann gegeben, wenn die Ergebnisse der Studie über die Untersuchungssituation hinaus generalisiert werden können.

> Wenn es also möglich ist, die Erkenntnisse auf andere Gruppen und andere Situationen zu übertragen, ist die externe Validität hoch.

Die interne und externe Validität stehen in einem Spannungsfeld: Wenn die Untersuchung so konzipiert wird, dass eine möglichst hohe interne Validität gewährleistet ist, kann die Untersuchungssituation sehr künstlich werden, und es ist schwierig, die Ergebnisse auf eine andere Situation oder gar den Alltag zu übertragen. Wird allerdings auf eine hohe externe Validität geachtet (z.B. durch die Durchführung von Feldstudien), ist es schwierig, Störvariablen und -effekte auszuschließen. Hier muss dann je nach Ziel der Studie abgewogen werden. Sollen praktisch anwendbare Ergebnisse gefunden werden, sollte sicher die externe Validität im Vordergrund stehen, geht es um Grundlagenforschung, ist die interne Validität unter Umständen wichtiger.

Im Online-Material können Sie Ihr Verständnis prüfen (Quiz 7).

4.1.5 Was sollte man außerdem noch beachten?
Ethische Grundsätze für empirische Untersuchungen

In der Psychologie wird in der Regel mit Menschen, zumindest aber mit Lebewesen geforscht. Für den Umgang mit Versuchspersonen hat die Deutsche Gesellschaft für Psychologie ethische Richtlinien ausgearbeitet, die auch online eingesehen werden können (https://www.dgps.de/fileadmin/documents/Empfehlungen/ber-foederation-2016.pdf, zuletzt aufgerufen am 30.07.2019). Hier ein paar wichtige Grundregeln aus diesen Richtlinien:

- Treffen Sie alle nötigen Maßnahmen, damit Ihre Versuchspersonen nicht zu Schaden kommen. — **nicht schaden**
- Die Teilnahme an Studien sollte freiwillig sein, die Freiwilligkeit muss den Versuchspersonen bewusst sein. Wenn die Versuchspersonen noch zu jung oder anderweitig nicht in der Lage sind, ihr Einverständnis zu erklären, müssen Sie das Einverständnis von einer bevollmächtigten Person einholen. Die Einwilligung müssen Sie in angemessener Weise dokumentieren. — **Freiwilligkeit**
- Klären Sie die Versuchspersonen über Zweck, Dauer und Ablauf der Untersuchung auf und weisen Sie sie außerdem auf die Möglichkeit hin, den Versuch abzubrechen, sowie darauf, welche Konsequenzen ein Abbruch des Versuchs hat, wie die Teilnahme belohnt wird und an wen sich die Personen mit Fragen wenden können. Den Versuchspersonen muss außerdem Vertraulichkeit und Anonymität zugesichert werden; gegebenenfalls müssen Sie auch darlegen, wie Sie diese gewährleisten. — **Aufklärung**
- Bei experimentellen Untersuchungen sollen Sie die Versuchspersonen außerdem über den experimentellen Charakter und alternative Versuchsgruppen aufklären.
- Klientinnen und Klienten bzw. Patientinnen und Patienten, Schülerinnen und Schüler, Studierende und Versuchspersonen, die in einem Abhängigkeitsverhältnis zu der Forscherin oder dem Forscher stehen, dürfen keine Nachteile durch einen Abbruch des Versuchs erfahren. Wenn der Versuch Teil der Ausbildung ist, müssen Sie die Versuchspersonen über gleichwertige Alternativen aufklären. — **keine Nachteile**
- Wenn sich diese oder andere Regeln aus den ethischen Richtlinien der DGPs nicht umsetzen lassen (z.B. weil eine — **Ethikkommission**

Aufklärung über den Zweck der Untersuchung die Ergebnisse verfälschen würde), sollten Sie in Zusammenarbeit mit Ihrer Betreuerin bzw. Ihrem Betreuer Kontakt zur Ethikkommission an Ihrer Universität oder der DGPs aufnehmen und die Durchführung genehmigen lassen.

4.2 Die Überschriften im Methodenteil

Kochrezept Für das Schreiben des Methodenteils Ihrer Bachelorarbeit können Sie sich praktisch an ein Kochrezept halten. Die Überschriften für die einzelnen Abschnitte sind weitestgehend vorgegeben, die Inhalte lassen sich logisch aus der durchgeführten Untersuchung ableiten. Als Beispiele eignen sich auch hier Forschungsartikel und Abschlussarbeiten, an denen Sie sich strukturell orientieren können. Im Folgenden werden die einzelnen Überschriften für den Methodenteil einer empirischen Arbeit erläutert.

 Die typische Gliederung eines Methodenteils zeigt sich z. B. auch in der Bachelorarbeit von Waltraud und Valerie:

3. Methode
3.1 Stichprobe und Design
3.2 Materialien
3.2.1 Lernmaterial: Lehrbuchtext und Podcast
3.2.2 Vorwissen
3.2.3 Lernerfolg
3.2.4 Kognitive Belastung in der Lern- und Testphase
3.2.5 Fragebogen zu demographischen Angaben
3.3 Ablauf des Versuchs

4.2.1 Stichprobe und Design

Stichprobe Der Methodenteil beginnt mit einer Beschreibung der untersuchten Probandengruppe, also: Wer hat an der Untersuchung teilgenommen? Erläutern Sie hier möglichst genau, wie sich die Stichprobe zusammensetzte, damit Leserinnen und Leser einschätzen können, ob die Untersuchungsergebnisse für eine bestimmte Gruppe Menschen verallgemeinerbar sind.

Design Außer den Informationen über die gesamte Stichprobe gehört in diesen Abschnitt auch eine Beschreibung des Designs und Versuchsplans der Studie. Dies umfasst in diesem Abschnitt des Methodenteils vor allem eine Beschreibung der unabhängigen

Variablen. Beschreiben Sie, welche Gruppen und/oder Zeitpunkte Sie untersucht haben und wie viele Personen jeweils in den Gruppen waren.

4.2.2 Material

Beschreiben Sie hier die von Ihnen verwendeten Verfahren (Tests, Fragebögen etc.) und geben Sie auch an, was damit erfasst werden sollte. Ziel dieses Abschnitts ist, dass Ihre Leserinnen und Leser erfahren, wie Sie die abhängigen und eventuell auch die unabhängigen Variablen operationalisiert haben. Bei der Materialbeschreibung geben Sie auch an, wie Sie die Objektivität, Reliabilität und Validität gesichert haben und belegen das gegebenenfalls mit Angaben, z. B. zur Interrater-Reliabilität. **Instrumente**

Orientieren Sie sich bei der Beschreibung Ihrer Materialien weniger an der Struktur von Fragebögen, Tests o. ä. (verweisen Sie dafür auf den Anhang, in dem Sie das vollständige Material präsentieren können), sondern vielmehr an den Variablen. Nutzen Sie Zwischenüberschriften, um den Abschnitt übersichtlich zu gliedern. **Variablen**

4.2.3 Ablauf

Im Abschnitt „Ablauf" (auch: Prozedur) beschreiben Sie, wie der Versuch abgelaufen ist. Es geht hier nur um den Teil des Versuchs, den die Versuchspersonen auch mitbekommen haben. Begründungen und Herleitungen gehören nicht in diesen Abschnitt.

4.2.4 Kodierungen

Der Abschnitt „Kodierungen" wird nicht immer gebraucht. Er ist vor allem dann wichtig, wenn Sie Daten verwenden, die komplex ausgewertet werden mussten, z. B. mit einem speziellen Beobachtungsbogen. Beschreiben Sie genau, welche Variablen Sie erfasst haben und wie Sie sichergestellt haben, dass die Variablen objektiv, reliabel und valide sind.

Unser Tipp ist, dass Sie das Methodenkapitel sehr frühzeitig schreiben. Das geht auch schon teilweise parallel zur Durchführung Ihrer Untersuchung. Orientieren Sie sich im Stil auch an den Zeitschriftenartikeln, die Sie für Ihre Bachelorarbeit lesen. In einer Zeitschrift steht für die einzelnen Artikel nur ein begrenzter **Tipps zum Schluss**

Platz zur Verfügung. Deshalb ist die Beschreibung der Methoden in einem Zeitschriftenartikel häufig sehr kurz. Sie dürfen in Ihrer Bachelorarbeit auch ein wenig ausführlicher werden, wenn Sie das möchten. Denken Sie aber daran: Die Begründung, weshalb Sie sich für eine bestimmte Methode entschieden haben, sollte aus der theoretischen Herleitung hervorgehen. Und selbst wenn Sie mehr Tests durchgeführt haben, als für Ihre Hypothesen letztendlich relevant sind (z. B. weil Sie die Studie gemeinsam mit einer Kommilitonin bzw. einem Kommilitonen, die/der eine ähnliche Fragestellung untersucht, durchgeführt haben), beschreiben Sie nur diejenigen Instrumente detailliert, die auch tatsächlich für Ihre Arbeit wichtig sind. Auf die anderen weisen Sie nur am Rande hin. Wie es mit der Auswertung weitergeht, erfahren Sie dann in Kapitel 5.

Im Online-Material können Sie prüfen, ob Sie diese Inhalte verstanden haben (Quiz 8).

Tipps zum Weiterlesen:

American Psychological Association. (2020). *Publication manual of the American Psychological Association* (7th ed.). Washington, DC: American Psychological Association.

Bem, D.J. (2003). *Writing the empirical journal article* Zugriff am 30.07.2019 unter http://dbem.org/WritingArticle.pdf

Bühner, M. (2011). *Einführung in die Test- und Fragebogenkonstruktion* (3., aktualisierte und erweiterte Aufl.). München: Pearson Studium.

Deutsche Gesellschaft für Psychologie. (2019). *Richtlinien zur Manuskriptgestaltung* (5., überarbeitete und erweiterte Aufl.). Göttingen: Hogrefe.

Döring, N. & Bortz, J. (2016). *Forschungsmethoden und Evaluation in den Sozial- und Humanwissenschaften* (5., vollständig überarbeitete, aktualisierte und erweiterte Aufl.). Berlin: Springer.

Porst, R. (2014). *Fragebogen. Ein Arbeitsbuch* (4., erweiterte Aufl.). Wiesbaden: Springer VS.

Rost, D. (2013). *Interpretation und Bewertung pädagogisch-psychologischer Studien:* Eine Einführung (3., vollständig überarbeitete und erweiterte Aufl.). Bad Heilbrunn: Klinkhardt.

5 Ergebnisse: Was kam raus?

Im Ergebnisteil der Bachelorarbeit werden die Hypothesen mit statistischen Methoden überprüft. Die Statistik bietet uns die Möglichkeit, die Fülle an gesammelten Forschungsdaten sinnvoll und übersichtlich zusammenzufassen und zu beschreiben (das macht die sogenannte deskriptive Statistik). Außerdem ermöglicht sie uns, Aussagen über Zusammenhänge, Unterschiede oder Veränderungen von Messwerten zu treffen und Schlussfolgerungen über die Hypothesen zu begründen (dazu brauchen wir die Inferenzstatistik). **Warum Statistik?**

Dies ist ein Buch über das Schreiben von Bachelorarbeiten. Einen tiefen Einblick in statistische Verfahren zu geben, würde den Rahmen dieses Buchs sprengen. Wir können lediglich ein paar uns wichtig erscheinende Verfahren oberflächlich anreißen. Im Vordergrund steht dabei, wie Sie die Ergebnisse dieser häufig verwendeten Auswertungsmethoden in Ihrer Bachelorarbeit darstellen. Zu diesem Abschnitt gibt es zusätzliches Online-Material. Die Statistik und Methodik hinter den Tests können wir in diesem Werk nicht behandeln. Wenn Sie sich tiefer in Statistik einarbeiten möchten, in Formeln und mathematische Hintergründe oder auch in die Verwendung von SPSS oder anderer Statistiksoftware, finden Sie sehr viele gute Bücher auf dem Markt. Sicher kann Ihre Betreuerin oder Ihr Betreuer Ihnen auch eine Quelle empfehlen. Am Ende des Kapitels finden Sie auch ein paar Vorschläge von uns. **Inhalte und Grenzen dieses Kapitels**

> *Nach diesem Kapitel ...*
> *... sind Sie in der Lage, Ihre Ergebnisse entsprechend der Normen in der Psychologie darzustellen.*
> *... kennen Sie eine Auswahl verschiedener statistischer Verfahren und Kennwerte und wissen, wofür sie verwendet werden.*
> *... können Sie Tabellen und Abbildungen so gestalten, wie es die Richtlinien der Deutschen Gesellschaft für Psychologie vorschreiben.*

5.1 Ein paar Grundregeln zum Schreiben des Ergebnisteils

Für den Ergebnisteil der Bachelorarbeit gibt es keine genaue Anleitung oder Vorschrift. Beim Lesen der Ergebnisteile von empirischen Zeitschriftenartikeln werden Sie auch feststellen, dass es verschiedene Möglichkeiten gibt, einen Ergebnisbericht sinnvoll zu gliedern. Zu Beginn des Ergebnisteils sollten ein paar grundlegende Informationen gegeben werden, z. B. zu den Ergebnissen bezüglich der Kontrollvariablen. Außerdem sollte das Signifikanzniveau für die inferenzstatistischen Tests bekannt gegeben werden (üblicherweise bei 5 %, dazu später mehr). Eine Möglichkeit, den Ergebnisteil übersichtlich zu gliedern, ist anhand der Hypothesen, die Sie in der Arbeit untersucht haben. Dies hat den Vorteil, dass Sie beim Schreiben kein wichtiges Ergebnis übersehen und sich auch auf die wichtigsten Informationen beschränken. Unter den Überschriften zu den einzelnen Hypothesen berichten Sie dann die wichtigsten deskriptiven Daten sowie die Ergebnisse aus den inferenzstatistischen Tests. Zusätzlich können Tabellen und Abbildungen die Ergebnisdarstellung stützen. In diesem Kapitel geht es nun vorrangig um verschiedene statistische Methoden und ihre Darstellung in der Bachelorarbeit.

korrekte Darstellung der Ergebnisse

Die besten Hinweise zur korrekten Darstellung Ihrer Ergebnisse können Ihnen die *Richtlinien zur Manuskriptgestaltung* der Deutschen Gesellschaft für Psychologie (2019) und das *Publication Manual* der APA (2020) geben. Für praktisch jeden Anwendungsfall findet sich in diesen Werken Regeln, die Sie im Text anwenden können. Bevor wir auf die einzelnen statistischen Tests und Kennwerte eingehen, die Eingang in den Ergebnisteil finden, möchten wir Ihnen dennoch ein paar der unserer Meinung nach wichtigsten Regeln und Tipps, die für alle Tests Gültigkeit haben, kurz vorstellen:

Regeln und Tipps

- Statistische Kennwerte werden, wie Sie wahrscheinlich wissen, mit Buchstaben abgekürzt. Lateinische Buchstaben (wie z. B. M, SD, N, p etc.) stehen dabei immer kursiv. Griechische Buchstaben jedoch nicht.
- Dezimalzahlen werden auch in deutschen Texten nicht mit Kommas sondern mit Punkten dargestellt. Zweieinhalb wäre in dem Fall nicht 2,5 sondern 2.5.

- Die Null wird bei statistischen Kennzahlen, die keinen Wert größer 1 annehmen können, weggelassen. Man schreibt deshalb z. B. nicht $p = 0.22$, sondern $p = .22$.
- Vor und nach Gleichheitszeichen u. ä. steht ein Leerzeichen.
- Auch wenn Sie vielleicht mal gehört haben, dass in einem Ergebnisteil nur Ergebnisse dargestellt werden und die Interpretation dieser Ergebnisse für den Diskussionsteil reserviert ist, sollten Sie Ihren Leserinnen nicht nur nackte Zahlen präsentieren. Schreiben Sie immer auch in Worten, was diese Zahlen bedeuten und welches Ergebnis ein statistischer Test erbracht hat. Ausführlich besprochen werden die Ergebnisse aber tatsächlich erst im Diskussionsteil.

5.2 Deskriptive Statistik: Daten beschreiben

> Mithilfe der Methoden der deskriptiven Statistik werden die gesammelten Einzeldaten zu statistischen Kennwerten zusammengefasst, die die Stichprobe beschreiben.

Die deskriptive (= beschreibende) Statistik vermittelt also einen Eindruck von den gesammelten Daten. Aus den Ergebnissen, die mit Methoden der deskriptiven Statistik gewonnen wurden, darf man noch keine Schlussfolgerungen oder Verallgemeinerungen ableiten. Aber die so ermittelten Ergebnisse geben eine gute Übersicht über die Datenlage und sind auch Grundlage für inferenzstatistische Methoden.

5.2.1 Mittelwert und Standardabweichung

Ein statistischer Kennwert, der Ihnen bekannt sein dürfte, auch wenn Sie im Studium keine Statistikkurse belegt haben, ist der Mittelwert oder Durchschnitt. *Mittelwert*

> Durch Aufaddieren der Einzelwerte und Dividieren durch die Anzahl der Fälle wird der Mittelwert berechnet.

Bereits in der Grundschule verwenden Kinder diese Formel, um ihre Zeugnisnoten vorherzubestimmen, indem sie ihre Noten für die einzelnen Mathematik- oder Deutscharbeiten zusammenzählen und durch die Anzahl der Klassenarbeiten in dem Fach teilen. Diesen Wert brauchen Sie mit sehr großer Wahrscheinlichkeit in Ihrer (empirischen) Bachelorarbeit. Sie beschreiben mit dem Mittelwert die Stichprobe (z. B. Durchschnittsalter, wie viele Semester im Schnitt studiert o. ä.) und auch, um Ihre Messwerte zu beschreiben.

> Der Mittelwert wird im Text mit einem kursiv gedruckten M dargestellt. Wenn Sie im Text bereits schreiben, dass Sie einen Mittelwert berichten, ist es nicht nötig, „$M =$" vor den Wert zu schreiben.

Standardabweichung

Der Mittelwert ist also bereits ein statistisches Modell, um Messwerte zu beschreiben. Für jeden statistischen Kennwert ist es wichtig, auch ein Maß zu finden, mit dem man abschätzen kann, wie gut der Kennwert die Stichprobe abbildet. Für den Mittelwert ist dieses Maß die Standardabweichung. Je näher die Standardabweichung bei Null liegt, desto besser bildet der Mittelwert die Stichprobe ab. Die einzelnen Werte, die in die Berechnung des Mittelwerts eingegangen sind, liegen (fast) alle sehr nahe beim Mittelwert oder sind mit ihm identisch. Ist die Standardabweichung groß, verteilen sich die Einzelwerte breit um den Mittelwert herum, einzelne oder auch viele Werte liegen über und/oder unter dem Mittelwert.

> Die Standardabweichung wird im Text mit einem kursiv gedruckten SD (= Standard Deviation) dargestellt.

Waltraud und Valerie

Hier ein Auszug aus der Stichprobenbeschreibung von Waltraud und Valerie:

An der Studie nahmen insgesamt $N = 87$ Studierende aller Fachrichtungen teil (63 Frauen, 24 Männer). Die Studierenden waren durchschnittlich 22.37 Jahre alt ($SD = 2.58$).

Tabellen

Gerade Mittelwerte und Standardabweichungen werden häufig in einer Tabelle oder Abbildung dargestellt, wie Ihnen beim Studieren von Zeitschriftenartikeln vielleicht auch bereits aufgefallen ist. Allgemein haben Tabellen den Zweck, Informationen übersichtlich und knapp darzustellen. Wichtig ist, dass eine Tabelle auch ohne Lesen des Texts verständlich sein muss (und umgekehrt die Hauptaussage der Tabelle auch im Text enthalten ist). Deshalb haben Tabellen aussagekräftige Bezeichnungen. Außerdem werden Tabellen ebenso wie Abbildungen durchnummeriert.

Über diese Nummern kann im Text ein klarer Bezug hergestellt werden. Es ist wichtig, dass Sie auf jede Tabelle (und Abbildung) im Text verweisen. Dabei ist es nicht zulässig, dass Sie z. B. schreiben „Die folgende Tabelle" o. ä. Sie müssen immer auch die Nummer der Tabelle angeben, auf die Sie sich beziehen.

Eine Tabelle besteht aus drei Teilen:

Bestandteile von Tabellen

1 Über der Tabelle befindet sich die Tabellennummerierung und genaue Bezeichnung. Das Wort „Tabelle" und die entsprechende Nummer stehen in der obersten Zeile. In der folgenden Zeile steht die Beschreibung in Kursiv.
2 Es folgt die Tabelle selbst.
3 Gegebenenfalls stehen unter der Tabelle noch Anmerkungen, die z. B. verwendete Abkürzungen erklären. Das ist nicht immer nötig, vor allem gängige Abkürzungen wie *M* oder *SD* etc. müssen nicht extra erklärt werden. Üblich sind hier aber z. B. Anmerkungen dazu, dass eine Tabelle aus einer anderen Quelle übernommen wurde (samt Quellenangabe), Hinweise zu den Informationen in einzelnen Zellen (durch hochgestellte Buchstaben gekennzeichnet[a,b,c]) und Angaben zur Signifikanz (i. d. R. durch Sternchen*).

Im Online-Material finden Sie weitere Hinweise zum Thema Tabellen.

Wenn Sie in Zeitschriftenartikeln Tabellen anschauen, stellen Sie fest, dass diese in der Regel nur waagerechte, aber keine senkrechten Linien haben. Das ist in den Richtlinien zur Manuskriptgestaltung der DGPs (2019) und APA (2010) so festgelegt. Wahrscheinlich gründet sich diese Vorschrift noch aus der Zeit, als

Tabellen formatieren

Tabelle 5.1
Mittelwerte (Standardabweichungen in Klammern) der Vor- und Nachtestergebnisse in den Gruppen im Versuch von Waltraud und Valerie (und gleichzeitig ein Beispiel für die Formatierung einer Tabelle)

	Lehrbuch		Podcast	
	Uni	Bus	Uni	Bus
Vorwissen[a]	1.34 (.46)	1.27 (.57)	1.12 (.33)	1.36 (.40)
Lernerfolg[b]	15.81 (2.13)	15.83 (4.24)	15.94 (2.11)	14.70 (2.87)

Anmerkungen. [a] Im Vortest konnten maximal 5 Punkte erreicht werden.
[b] Im Nachtest konnten maximal 22 Punkte erreicht werden.

Manuskripte mit der Schreibmaschine geschrieben wurden. Im Computerzeitalter wäre es zwar möglich, auch senkrechte Striche zu setzen, die Regel wurde aber beibehalten. Tabelle 5.1 ist ein Beispiel für eine Tabelle zur Darstellung von Gruppenmittelwerten. Eine Vielzahl weiterer Beispiele zur Darstellung verschiedener statistischer Test oder auch zur Darstellung verbaler Informationen finden Sie bei der DGPs (2019) und APA (2020). Dort steht übrigens auch, dass Tabellen auf Extraseiten am Ende des Dokuments stehen müssen. Das gilt für Ihre Bachelorarbeit natürlich nicht. Sie präsentieren Ihre Tabelle an einer geeigneten Stelle in Ihren Text integriert.

Im Online-Material können Sie Ihr Verständnis prüfen (Quiz 9).

Abbildungen Alle Darstellungen, die keine Tabellen sind, werden als Abbildungen bezeichnet, ganz egal, ob es sich um Zeichnungen, Fotos oder Diagramme handelt. Gerade bei Abbildungen ist es wichtig, dass Sie darauf achten, dass man alle Informationen gut lesen bzw. gut erkennen kann. Text in Abbildungen sollte deshalb möglichst serifenlos sein. Denken Sie auch daran, ob Sie Ihre Bachelorarbeit farbig oder schwarz-weiß drucken. Eine schöne farbige Abbildung ist im schwarz-weiß-Druck möglicherweise nicht mehr lesbar.

Arten von Abbildungen Bei der Darstellung statistischer Ergebnisse verwendet man in der Regel Diagramme:

- Liniendiagramme zeigen die Beziehung zwischen zwei kontinuierlichen Variablen. Die unabhängige Variable ist auf der x-Achse und die abhängige Variable auf der y-Achse abgetragen (*siehe Abbildung 5.1*). Besonders plastisch lassen sich mit Liniendiagrammen z. B. auch Interaktionen darstellen.
- Säulen- bzw. Balkendiagramme werden verwendet, wenn die unabhängige Variable diskret ist, es also keine Zwischenwerte gibt, wie z. B. bei Versuchsgruppen. Für jede Kategorie (Gruppe) wird der Wert mit einer Säule (senkrecht) bzw. einem Balken (waagerecht) dargestellt.
- Kreisdiagramme (Kuchenstückchen) stellen Prozentwerte dar. Die Prozente sollten sich dabei natürlich auf 100 addieren.

Titel und Legende Ebenso wie Tabellen werden auch Abbildungen durchnummeriert und mit einem aussagekräftigen Titel, der zugleich eine Erklärung der Abbildung ist, versehen. Auch Abbildungen sollten sich für Leserinnen ohne Lesen des Textes erschließen. Die Abbildungsnummer und der Titel stehen unter der Abbildung. Schreiben Sie das Wort „Abbildung" kursiv, gefolgt von der Abbildungsnummer (ebenfalls kursiv). Es folgen ein Punkt und dann der Titel der Abbildung (nicht kursiv).

Auch wenn der Abbildungstitel sehr präzise und erklärend sein soll, erklären Sie die verwendeten Zeichen und Symbole in einer Legende, die Teil der Abbildung selbst ist. Schreiben Sie also z. B. im Titel nicht „Gestrichelte Linien stehen für Gruppe A, durchgezogene für Gruppe B" sondern geben Sie diese Informationen in der Legende Ihrer Abbildung.

Natürlich gilt für Bachelorarbeiten auch wieder eine Abweichung von den Richtlinien der Manuskriptgestaltung: Sie dürfen Ihre Abbildungen in den Text integrieren und setzen sie nicht auf Extraseiten ans Ende Ihres Textes.

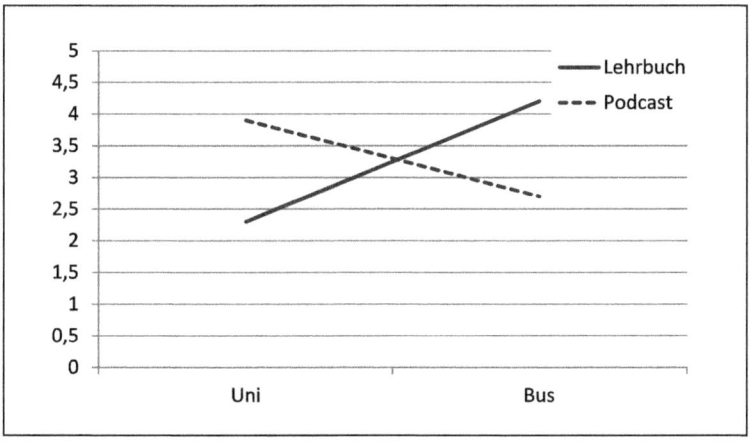

Abbildung 5.1 Beispiel für ein Liniendiagramm. Gezeigt wird die Interaktion zwischen Lernmedium und Lernort für die abhängige Variable subjektive Schwierigkeit des Lernorts (max. 5 „Wie schwierig war für Sie der Lernort (Uni bzw. Bus)?") im Experiment von Waltraud und Valerie.

Zum Thema Abbildungen finden Sie weitere Hinweise im Online-Material.
Im Online-Material können Sie Ihr Verständnis prüfen (Quiz 10).

5.2.2 Range, Ausreißer, Decken- und Bodeneffekte

Eine weitere Möglichkeit, die Daten zu beschreiben, besteht darin, ihre Verteilung genauer zu analysieren. Das ist wichtig, um Auffälligkeiten in der Verteilung der Daten festzustellen. Auch diese Auffälligkeiten sollten Sie in der Bachelorarbeit erwähnen und (später im Diskussionsteil) zur Erklärung der Befunde gegebenenfalls heranziehen.

Ausreißer Sie sollten beim Betrachten der Daten z. B. auf mögliche Ausreißer achten.

> Ausreißer sind einzelne Werte, die auffallend weit ober- oder unterhalb der anderen Werte liegen.

Diese Werte wirken sich bei der Berechnung des Mittelwerts oder anderer deskriptiver Kennwerte möglicherweise verfälschend aus.

> Der Range (auch: Variationsbreite, Spannweite) beschreibt die Breite der erfassten Daten vom kleinsten bis zum größten gemessenen Wert.

Range

Er zeigt damit auch an, ob die potenziell mögliche Bandbreite der Werte ausgeschöpft wurde, oder ob bestimmte Werte nicht vorkamen, eine Skala also z. B. nicht ausgeschöpft wurde.

Einen Spezialfall eines auffälligen Range stellen Decken- und Bodeneffekte dar.

> Mit Deckeneffekt bezeichnet man das Phänomen, dass die meisten Daten bei den höchsten möglichen Werten liegen.

Decken- und Bodeneffekte

Wenn also z. B. in einem Lerntest, der mit maximal 40 Punkten bewertet wurde, der Range = 36–40 betrug, ist dies ein Hinweis darauf, dass der Test zu leicht war, um ausreichend Varianz zu erzeugen, die dann auch differenziert Unterschiede im Lernerfolg aufzeigt.

> Ein Bodeneffekt ist das Gegenteil eines Deckeneffekts. Hier liegen die meisten Daten bei einem sehr niedrigen Wert.

In dem Lerntest mit maximal 40 Punkten ist z. B. der Range = 0-6 Punkte. Dies wäre dann ein Hinweis darauf, dass der Lerntest zu schwer war und auch wieder die Varianz gegebenenfalls zu gering, um Effekte einer Lernmaßnahme o. ä. aufzuzeigen.

5.3 Inferenzstatistik: Schlussfolgerungen aus Daten ziehen

Die Inferenzstatistik oder auch schließende Statistik geht über die reine Beschreibung des vorliegenden Datensatzes hinaus und zieht Schlussfolgerungen aus den Daten auf die Population – also auf die Grundgesamtheit der Menschen auf die sich die Hypothesen beziehen und von denen die Studienteilnehmerinnen ein Teil sind. In der Regel können an einer Studie nicht alle Personen der Grundgesamtheit teilnehmen (z. B. alle Studierenden, alle Lehrerinnen, alle 6-Jährigen, alle als depressiv diagnostizierten Menschen …). Deshalb wird eine Stichprobe gezogen (wie bereits in Kapitel 4 erwähnt: Eine Zufallsstichprobe wäre das Ideal). Aus den Daten dieser Stichprobe möchte man dann Aussagen über die Grundgesamtheit ableiten. Dafür benötigen wir die Methoden der Inferenzstatistik, von denen wir Ihnen im Folgenden ein paar wichtige vorstellen möchten.

Ergebnisse verallgemeinern

5.3.1 Signifikanz: Wie wahrscheinlich ist der Zufall?

Wie Sie bei der deskriptiven Statistik bereits gemerkt haben und auch aus Ihrer Lebenserfahrung wissen: Menschen sind nicht alle gleich. Deshalb muss z. B. zum Mittelwert die Standardabweichung angegeben werden als Indikator dafür, wie gleich oder ungleich die Werte sind. Unterschiedlich sind Menschen natürlich nicht nur in der Stichprobe, sondern auch in der Grundgesamtheit. Entsprechend kann die Teilmenge der Grundgesamtheit, die wir untersuchen, also die Menschen in unserer Stichprobe, nicht perfekt die wirkliche Verteilung in der Grundgesamtheit abbilden. Wir können die wirkliche Verteilung über die Stichprobe immer nur schätzen. Eine solche Schätzung beruht auf Wahrscheinlichkeitsmodellen. Die Inferenzstatistik berechnet, grob gesagt, wie wahrscheinlich es ist, dass die gemessenen Unterschiede oder Gemeinsamkeiten aus der Stichprobe auf zufällige Schwankungen zurückgeht.

Grundprinzip der Signifikanz

Die Wahrscheinlichkeit, dass gefundene Muster in den Daten auf den Zufall zurückgehen, wird mit der statistischen Kennzahl *p* angegeben.

p kann Werte zwischen 0 (ein zufälliges Zustandekommen der Unterschiede in den Daten ist überhaupt nicht wahrscheinlich) und 1 (Zufall hundertprozentig wahrscheinlich) annehmen. Im Vorfeld einer statistischen Untersuchung müssen Sie ein Kriterium festlegen, ab welcher Wahrscheinlichkeit Sie von einem Zufall ausgehen. Das ist das sogenannte α- oder Signifikanzniveau. Von Werten, die kleiner als dieser Wert sind, nimmt man an, dass sie eine Verteilung anzeigen, die nicht mehr mit dem Zufall zu erklären ist. Wenn dies der Fall ist, schlussfolgert man, dass die Unterschiede zwischen den Messungen signifikant sind und auf das experimentelle Treatment zurückzuführen sind.

α-Niveau

In psychologischen Untersuchungen wird das α-Niveau in der Regel auf 5 %, also auf α = .05 festgelegt. Manchmal, vor allem, wenn ein Irrtum schlimme Folgen haben kann, wird das α-Niveau auch geringer angesetzt, dann meist bei 1 % bzw. α = .01. Gerade bei sehr kleinen Stichproben findet man gelegentlich auch ein höheres α-Niveau von z. B. 10 % (α = .10). Wie auch immer Sie das α-Niveau festlegen: Es ist ein Cut-Off-Kriterium. Man unterscheidet nur in signifikant und nicht signifikant. Fast signifikante Ergebnisse gibt es nicht, ebenso wenig wie hochsignifikante Werte (auch wenn natürlich *p* knapp an der Signifikanzgrenze oder sehr nah bei Null liegen kann). Auch wenn manche Statistikprogramme wie z. B. SPSS manchmal für *p* = .000 ausgeben, schreibt man in diesem Fall nicht, dass *p* = 0 ist, sondern *p* < .001.

Fehler 1. Art

Sie haben es ja eben schon gelesen: Irrtümer sind möglich. Wenn die Wahrscheinlichkeit, dass ein Ergebnis zufällig ist, bei 3.4 % liegt (*p* = .034), dann geht man bei einem α-Niveau von 5 % davon aus, dass die gefundene Verteilung signifikant ist (weil 3.4 % eben weniger als 5.0 % sind). Prinzipiell besteht aber trotzdem noch die Möglichkeit, dass doch alles Zufall ist. Wenn man aufgrund der Ergebnisse in der Stichprobe den Schluss zieht, dass beispielsweise ein Unterschied auch in der Grundgesamtheit besteht, dies aber falsch ist, und die Ergebnisse in der Stichprobe doch nur durch zufällige Schwankungen zustande kamen, so hat man einen Fehler 1. Art oder einen Alphafehler begangen. Das wäre dann also ein falsch-positiver Befund. Das wäre der Situation vergleichbar, dass ein Arzt bei einer Patientin eine Krankheit diagnostiziert, obwohl sie gesund ist. Daher ist zu beachten, dass man mit dem α-Niveau das Risiko festlegt, dass man falsch liegt, wenn man einen Effekt behauptet. Technisch ist das α-Niveau also identisch mit der Wahrscheinlichkeit für einen Fehler 1. Art.

Auf der anderen Seite ist aber auch ein falsch-negativer Befund möglich, vergleichbar mit einem Arzt, der eine kranke Person als gesund diagnostiziert. Man entscheidet aufgrund der Daten aus der Stichprobe, dass das Ergebnis auf Zufallsschwankungen zurückgeht, weil p größer ist als das festgelegte α-Niveau. In Wirklichkeit war das Ergebnis aber nicht zufällig. Wie groß die Wahrscheinlichkeit eines solchen Fehlers 2. Art bzw. β-Fehlers ist, lässt sich in den allermeisten Fällen nicht genau berechnen. **Fehler 2. Art**

In der psychologischen Forschung hat es sich eingebürgert, dass es wichtiger ist, den Fehler der 1. Art gering zu halten, also zu vermeiden, dass man falsche Effekte behauptet. Wenn man einen Fehler der 2. Art begeht, also wenn es einen Effekt gibt, man hat ihn nur (noch) nicht gefunden, wird ihn eine spätere Untersuchung aufdecken.

Als Fazit bleibt damit also festzuhalten, dass die Inferenzstatistik keine Wahrheiten, sondern Wahrscheinlichkeiten liefert und damit Raum für Irrtümer bleibt. Da aber, wie oben erwähnt, die Grundgesamtheit der interessierenden Bevölkerungsgruppe in der Regel nicht untersucht werden kann, sind solche Näherungen durch inferenzstatistische Verfahren in der sozialwissenschaftlichen Forschung unerlässlich. Die im Folgenden kurz beschriebenen inferenzstatistischen Tests werden deshalb auch immer über den p-Wert als Maß für die Wahrscheinlichkeit, dass die Ergebnisse auf Zufallsschwankungen beruhen, interpretiert. **Fazit**

5.3.2 Korrelation: Je mehr/weniger ... desto mehr/weniger

Eine Korrelationsanalyse untersucht Zusammenhänge zwischen Messwerten.

Der Zusammenhang zwischen zwei (oder mehr) Messwerten wird mit dem Korrelationskoeffizienten r angegeben. r kann Werte zwischen −1 und +1 annehmen. Drei Arten von Zusammenhängen sind möglich: **Zusammenhänge**

1. Eine Nullkorrelation liegt vor, wenn Messwerte überhaupt nicht zusammenhängen. In dem Fall ist r nahe oder gleich 0.
2. Eine positive Korrelation liegt vor, wenn die Messwerte sich jeweils in die gleiche Richtung verändern. Je höher also der eine Messwert ist, desto höher ist auch der andere. Und umgekehrt: Je niedriger der eine Messwert ist, desto niedriger ist auch der andere. Eine positive Korrelation erkennt man am Korrelationskoeffizienten, der bei $r > 0$ liegt, also im positiven Bereich. Eine perfekte positive Korrelation hat den Wert $r = 1.00$.
3. Eine negative Korrelation liegt vor, wenn die Messwerte sich jeweils in unterschiedliche Richtungen verändern. Je höher der eine Messwert ist, desto niedriger ist der andere und umgekehrt. Wenn $r < 0$, also negativ ist, liegt eine negative Korrelation vor. Eine perfekte negative Korrelation hat den Wert $r = -1.00$.

Wie bei allen inferenzstatistischen Tests benötigt man zur Interpretation der Korrelation auch den Signifikanzwahrscheinlichkeitswert p. Nur wenn p kleiner ist als das von Ihnen festgelegte α-Niveau, darf davon ausgegangen werden, dass der gefundene Zusammenhang bedeutsam ist. Ist p größer als die gewählte Signifikanzgrenze α, dann gilt die Annahme einer Nullkorrelation, selbst wenn r größer oder kleiner als Null ist (genau 0 ist sehr selten).

Interpretation von Korrelationen

! Ganz wichtig ist, dass Sie Korrelationen nicht kausal interpretieren dürfen! Auch wenn zwei Variablen signifikant korrelieren, bedeutet das nicht, dass die eine Variable die andere Variable verursacht oder beeinflusst. Der Zusammenhang kann auch auf andere Faktoren zurückgehen. Ein Beispiel, das hierzu häufig aufgeführt wird, ist der Zusammenhang zwischen der Anzahl der Störche, die in einem bestimmten Gebiet gezählt werden und der Geburtenstatistik. Auch wenn über die Jahre hinweg eine Abnahme der Geburtenrate mit einem Rückgang der Storchsichtungen einhergeht, diese beiden Werte also positiv korrelieren, darf man daraus doch nicht schließen, dass der Storch die Babys bringt (wer bisher der Meinung war, das sei so, dem sei der Wikipedia-Artikel zum Thema Geburt empfohlen: http://de.wikipedia.org/wiki/Geburt, aufgerufen am 20.05.2020). Hier ein weiteres Beispiel:

Korreliert man die Statistiken zum Eiskonsum und zu Todesfällen durch Ertrinken, findet man wahrscheinlich auch eine positive Korrelation. Je mehr Eis gegessen wird, desto mehr Menschen sterben durch Ertrinken. Da man beim Eisessen meist nicht im Wasser ist, schließt sich die kausale Interpretation, dass die Menschen durch das Eis ertrinken aus. Hier fehlt eine weitere Variable, die nicht in die Korrelation eingegangen ist: die Temperatur. Je wärmer es ist, desto mehr Menschen essen Eis und desto mehr Menschen gehen auch schwimmen und begeben sich in Gefahr, zu ertrinken. Oder essen Sie bei -10°C ein Eis, bevor Sie dann in den Swimmingpool hüpfen?

Korrelationen stellen Sie in Ihrer Bachelorarbeit so dar, dass Sie zunächst kurz klären, welche Variablen Sie miteinander korreliert haben. Berichten Sie dann das Ergebnis in Worten und belegen Sie es mit den statistischen Kennzahlen r und p. Eine grafische Darstellung der Korrelation, z.B. als Punktewolke, trägt in der Regel nicht zur besseren Verständlichkeit des Ergebnisses bei. Deshalb können Sie darauf getrost verzichten. Gerade wenn Sie viele Werte miteinander korreliert haben, kann aber eine Tabelle sinnvoll sein, um die Daten übersichtlicher darzustellen (*siehe Tabelle 5.2*) als dies im Text möglich wäre.

Darstellung von Korrelationen

Tabelle 5.2
Beispiel für eine Tabelle zur Darstellung von Korrelationsergebnissen

Charakteristika der Concept Maps	Lernerfolg	
	Wissensintegration	Wissenszuwachs
Anzahl Knoten	.25	.33*
Anzahl korrekt beschrifteter Links	.57**	.05
Anzahl unbeschrifteter Links	–.41*	.23
Anzahl Querverbindungen	–.03	–.02

Note. *$p < .05$. **$p < .01$. Aus „Concept mapping as a follow-up strategy for learning from texts: What characterizes good and poor mappers?" von T. Hilbert und A. Renkl, 2008, *Instructional Science, 36*, S. 63. Übersetzung durch die Autorinnen.

Im Online-Material können Sie Ihr Verständnis prüfen (Quiz 11).

So stellte Tobias in seiner Studie den Zusammenhang zwischen Interesse und Lernerfolg in seiner Bachelorarbeit dar:

Hypothese X nahm einen Zusammenhang zwischen Interesse und Lernerfolg an. In einer Produkt-Moment-Korrelation zwischen den Variablen Interesse,

Tobias

gemessen über den Interessenstest und Lernerfolg, gemessen über den Nachtest, zeigte sich eine signifikante positive Korrelation, $r = .37$, $p = .013$. Je höher das Interesse der Schüler an Chemie war, desto besser schnitten sie im Lernerfolgstest ab.

5.3.3 t-Test: Unterschiede zwischen zwei Gruppen oder zwei Messzeitpunkten

Unterschiede berechnen

Der *t*-Test berechnet nicht Zusammenhänge, sondern Unterschiede zwischen Messwerten. Dieser Test ist immer dann geeignet, wenn Hypothesen zu Unterschieden zwischen zwei Gruppen oder zwischen zwei verschiedenen Werten, die bei den jeweils selben Personen erfasst wurden, überprüft werden sollen. Für die Berechnung von Unterschieden zwischen mehr als zwei Gruppen bzw. Messwerten, ist der *t*-Test nicht geeignet. Es gibt zwei Arten von *t*-Tests:

Arten von t-Tests

1 Der *t*-Test für unabhängige Stichproben untersucht, ob Unterschiede in einem Messwert zwischen zwei Gruppen bedeutsam sind. Unabhängig sind die Stichproben deshalb, weil in beiden Gruppen unterschiedliche Personen sind und die Daten aus den beiden Gruppen voneinander unabhängig gewonnen wurden.

2 Der *t*-Test für abhängige Stichproben untersucht, ob Unterschiede zwischen zwei Messwerten, die von derselben Gruppe gewonnen wurden, bedeutsam sind. Das kann z. B. ein Test sein, der zu zwei Zeitpunkten (z. B. als Vor- und Nachtest) durchgeführt wurde, oder ein Meinungsfragebogen, der eine Einschätzung zu zwei Ereignissen abfragte. Wichtig ist, dass prinzipiell die gleiche Skala vorliegen muss. Können in einem Vortest fünf, im Nachtest aber 12 Punkte erreicht werden, ist es nicht verwunderlich, wenn sich die Ergebnisse in Vor- und Nachtest signifikant unterscheiden. Man spricht deshalb auch von Messwiederholung, weil prinzipiell der gleiche Wert zu mehreren Zeitpunkten des Versuchs erhoben wurde. Abhängig sind bei diesem Test die Stichproben, weil beide Messwerte von denselben Personen erhoben werden und damit Einflüsse der Person auf beide Messungen wirken. Insofern weisen die Messwerte eine Abhängigkeit auf.

Lea berechnete für ihre Bachelorarbeit sowohl *t*-Tests für unabhängige als auch für abhängige Stichproben. Ihre Hypothesen zu Unterschieden zwischen den Einschätzungen von Lehrerinnen und Lehrern einerseits und Schülerinnen und Schülern andererseits musste sie, da hier Unterschiede zwischen zwei unabhängigen Gruppen vorgenommen wurden, mit *t*-Tests für unabhängige Stichproben berechnen. Ihre Hypothesen zu Unterschieden zwischen den verschiedenen Kategorien von Unterrichtsstörungen berechnete sie dagegen mit *t*-Tests für abhängige Stichproben. Die Störwirkung von aktiven und passiven Störungen wurde ja von allen Teilnehmerinnen am Online-Fragebogen eingeschätzt, somit lagen von jeder Person zwei Messwerte vor, zwischen denen der Unterschied ermittelt werden sollte.

Lea

Für den Bericht des *t*-Tests in Ihrer Bachelorarbeit sind mehrere Kennwerte wichtig: Sie müssen den Wert für *t* angeben, also das Ergebnis der Berechnung des *t*-Tests. Außerdem berichten Sie den Freiheitsgrad (*df* = degree of freedom) in Ihrer Stichprobe, da nur über diesen Wert der *t*-Wert interpretiert werden kann. Schließlich liefern Sie noch die Bewertung in Form des *p*-Werts. Wenn Sie ein Statistikprogramm wie SPSS verwenden, gibt Ihnen die Ausgabe alle diese wichtigen Werte aus und Sie müssen sie nur noch für die Darstellung der Bachelorarbeit auslesen.

t-Tests berichten

Für den *t*-Test berichten Sie die Werte für *t*, *df* und *p*: *t*(df) = X.XX, *p* = .YYY.

Berichten Sie außer dem Ergebnis der statistischen Berechnung auch, welche abhängigen und unabhängigen Variablen in die Berechnung eingegangen sind. Vor allem, wenn sich die Gruppen bzw. Messzeitpunkte unterscheiden, kann ein Säulendiagramm diese Unterschiede schön illustrieren. Auch eine Tabelle mit den Mittelwerten und Standardabweichungen für die Gruppen bzw. Messzeitpunkte kann sinnvoll sein.

So berichtete Lea einen ihrer *t*-Tests:

Lea

Hypothese 3 nahm an, dass Lehrerinnen und Lehrer bzw. Schülerinnen und Schüler sich in der Einschätzung der Störwirkung von aktiven Unterrichtsstörungen unterscheiden. Abbildung 5.2 zeigt die Mittelwerte und Standardabweichungen der Einschätzung durch Lehrerinnen und Lehrer sowie Schülerinnen und Schüler. Um die Hypothese zu prüfen, berechnete ich einen t-Test für unabhängige Stichproben mit dem Status (Lehrerin/Lehrer vs. Schülerin/Schüler) als unabhängiger Variable und der Einschätzung der Störwirkung aktiver Unterrichtsstörungen als abhängiger Variable. Lehrerinnen und Lehrer schätzen aktive Unterrichtsstörungen als störender ein als Schülerinnen und Schüler dies tun, $t(143) = 5.54$, $p < .001$.

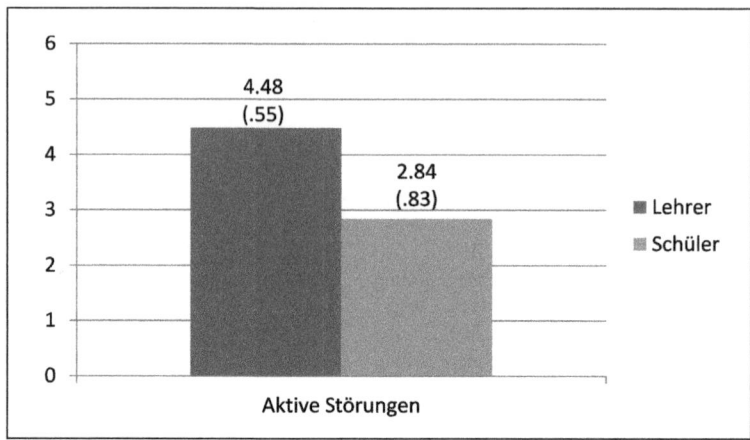

Abbildung 5.2 Mittelwerte (Standardabweichungen in Klammern) für die Einschätzungen der Störwirkungen von aktiven Unterrichtsstörungen durch Lehrer und Schüler (und gleichzeitig auch ein Beispiel für ein Säulendiagramm)

5.3.4 Varianzanalyse: Unterschiede zwischen zwei oder mehreren Gruppen

Unterschiede berechnen Varianzanalysen erlauben die Untersuchung von Unterschieden zwischen mehr als zwei Gruppen. Waltraud und Valerie untersuchten in ihrem Experiment z. B. vier Gruppen. Mehrere *t*-Tests zu berechnen, bis sie jede Gruppe mit jeder anderen verglichen haben, ist keine gute Idee. Abgesehen davon, dass das sehr aufwändig ist, würde sich die Wahrscheinlichkeit, dabei einen Fehler erster Art zu begehen, vervielfachen.

F-Test Eine Varianzanalyse ist von der Berechnung her ein sogenannter *F*-Test. Das Ergebnis einer Varianzanalyse stellen Sie über den *F*-Wert dar. Weitere wichtige Werte sind der Freiheitsgrad der Gruppen (*df*1) und der Stichprobe (*df*2). Als Interpretation des *F*-Wertes geben Sie schließlich noch den Wert für *p* an. Wenn der *F*-Wert kleiner als 1 ist, dürfen Sie auch abkürzen: $F < 1, n.s.$ (= nicht signifikant).

> Für eine Varianzanalyse berichten Sie die Werte von *F*, die Freiheitsgrade von Gruppen und Stichprobe und *p*: $F(df1, df2) = X.XX, p = .YYY$.

Im Ergebnisteil Ihrer Bachelorarbeit sollten Sie außer der statistischen Darstellung auch kurz berichten, welche abhängigen und unabhängigen Variablen in die Berechnung eingeflossen sind. Skizzieren Sie außerdem wieder kurz das Ergebnis in Worten. Auch bei der Varianzanalyse kann eine Abbildung hilfreich sein, um die Ergebnisse zu verdeutlichen. Eine Tabelle kann außerdem die Mittelwerte und Standardabweichungen kompakt aufzeigen.

Varianzanalysen berichten

Hier ein Beispiel aus der Bachelorarbeit von Waltraud und Valerie:

Waltraud und Valerie

Tabelle 5.1 zeigt die Mittelwerte und Standardabweichungen für den Lernerfolg im Nachtest in den Gruppen. Ob sich die Gruppen im Lernerfolg unterschieden, untersuchten wir mit einer Varianzanalyse mit den Gruppen als unabhängiger und dem Lernerfolg im Nachtest als abhängiger Variable. Der Unterschied zwischen den Gruppen war nicht signifikant, $F(3, 84) = 1.02, p = .32$.

5.3.5 Weitere statistische Tests

Wie oben erwähnt, würde es den Rahmen dieses Buchs sprengen, wenn wir bei der Statistik zu sehr ins Detail gingen. Es gibt noch viele andere interessante und häufig gebrauchte statistische Verfahren, wie z.B. Regressionsanalysen, χ^2-Test, Faktoren- und Clusteranalysen und und und. Zu der Darstellung dieser Tests finden Sie viele Hinweise und Beispiele bei der DGPs (2019) und der APA (2020) und außerdem auch in Zeitschriftenartikeln. Zu den Tests selbst finden Sie unten ein paar Literaturempfehlungen.

mehr Statistik

Am Ende des Ergebnisteils sollten Sie die deskriptiven Daten aller Variablen, die Sie erhoben haben, berichtet haben. Sehen Sie auch nochmal nach, ob Sie die Hypothesen, die Sie aufgestellt hatten, mit Hilfe der relevanten Tests überprüft und bewertet haben. Wenn das der Fall ist, können Sie nun an die Interpretation der Daten gehen und sich die Frage stellen, welchen Aufschluss Ihnen die Daten in Bezug auf Ihre Forschungsfrage (erinnern Sie sich?) geben. Übrigens: Wenn Sie in Ihrem Studium nur wenig über Statistik gelernt haben (das dürfte bei fast allen Studierenden mit Nebenfach Psychologie der Fall sein), oder wenn Sie mit einer bestimmten statistischen Methode und/oder der Interpretation der Ergebnisse nicht weiterkommen, oder auch wenn Sie unsicher sind, welcher statistische Test angemessen ist: Scheuen Sie sich nicht, sich Unterstützung zu holen. Fragen Sie Ihre Betreuerin oder Ihren Betreuer um Rat. Schlimmer als wenn Sie es nicht

Tipps zum Schluss

alleine schaffen, ist es definitiv, wenn Sie Fehler machen, weil Sie sich nicht getraut haben, nachzufragen. Eine gute Frage zeigt Ihrer Betreuerin bzw. Ihrem Betreuer, dass Sie sich bemühen und mitdenken. Und damit Sie das nächste Kapitel Ihrer Bachelorarbeit schreiben können, brauchen Sie die korrekt interpretierten Ergebnisse Ihrer Datenanalysen.

Im Online-Material können Sie Ihr Verständnis prüfen (Quiz 12).

Tipps zum Weiterlesen:

American Psychological Association. (2010). *Publication manual of the American Psychological Association* (6th ed.). Washington, DC: American Psychological Association.

Bortz, J. & Schuster, C. (2016). *Statistik für Human- und Sozialwissenschaftler.* Berlin: Springer.

Field, A. (2009). *Discovering statistics using SPSS (and sex, drugs and rock'n'roll)* (3. ed.). London, UK: SAGE Publications.

Heimisch, F., Niederer, R. & Zöfel, P. (2018). *Statistik im Klartext: Für Psychologen, Wirtschafts- und Sozialwissenschaftler.* München: Pearson Studium.

Leonhart, R. (2008). *Psychologische Methodenlehre/Statistik.* München: Ernst Reinhardt Verlag.

Nachtigall, C. & Wirtz, M. (2013). *Wahrscheinlichkeitsrechnung und Inferenzstatistik. Statistische Methoden für Psychologen Teil 2* (6. Aufl.). Weinheim: Beltz Juventa.

Schilling, O. (2009). *Grundkurs: Statistik für Psychologen.* München: Wilhelm Fink Verlag.

Wirtz, M. & Nachtigall, C. (2012). *Deskriptive Statistik. Statistische Methoden für Psychologen Teil 1* (6., überarbeitete Auflage). Weinheim: Beltz Juventa.

6 Diskussion: Ergebnisse erklären und in den wissenschaftlichen Diskurs einbringen

Für Leserinnen und Leser ist die Diskussion häufig das spannendste Kapitel einer Forschungsarbeit. Hier werden nicht nur die Ergebnisse noch einmal verständlich und übersichtlich zusammengefasst, sie werden auch mit Erkenntnissen aus der Forschung verglichen und kritisch beleuchtet. Außerdem werden in der Diskussion aus den Ergebnissen neue Forschungsfragen abgeleitet und es wird ein Fazit für Theorie und Praxis formuliert. Alle diese Überlegungen sind sehr interessant und für viele Leserinnen und Leser auch der eigentliche Grund, eine Forschungsarbeit zu lesen.   *aus Lesersicht*

Für Autorinnen und Autoren ist das Schreiben der Diskussion oft nicht ganz so spannend, interessant und motivierend wie für die Leserinnen und Leser. Die Diskussion stellt in der Regel die letzte große Aufgabe vor der Endkorrektur dar. Die Vorgaben, wie ein Diskussionsteil aufgebaut sein soll, sind recht offen, so dass hier auch noch einmal die Aufgabe wartet, die wichtigen Informationen sinnvoll zu strukturieren. Da die Diskussion als letzte große Schreibaufgabe nach vielen Wochen und Monaten der Beschäftigung mit einem Thema wartet, verlieren Autorinnen und Autoren (ja, auch wir Autorinnen dieses Buchs) oft den Blick dafür, wie aufregend ihr Thema wirklich ist. Mit anderen Worten: Die Luft ist bei vielen zum Ende des Schreibprozesses raus.   *aus Autorensicht*

Dieser Unterschied im Interesse der Leserinnen und Leser und der oftmals mangelnden Schreibfreude der Autorinnen und Autoren ist wirklich schade! Unser Ziel für dieses Kapitel ist es deshalb, Ihnen für den Endspurt noch einmal die Motivation für das Schreiben Ihrer Diskussion mitzugeben.

Nach diesem Kapitel können Sie …
… die Ziele des Diskussionsteils erkennen.
… aus den Zielen des Diskussionsteils die Inhalte ableiten.
… selbst eine interessante und gute Diskussion verfassen.

6.1 Welche Ziele hat der Diskussionsteil?

Chancen der Diskussion

Zur Einleitung in dieses Kapitel haben wir geschrieben, dass Leserinnen sich oft auf die Diskussion freuen, weil hier einige wirklich interessante Informationen geboten werden. Zu diesem Abschnitt gibt es zusätzliches Online-Material. Das Schreiben des Diskussionsteils bietet auch deshalb ganz besondere Chancen, weil Sie als Autorin oder Autor in diesem Teil Ihrer Bachelorarbeit mehr als in den anderen zu Wort kommen und Ihren eigenen Standpunkt begründen. Der Diskussionsteil einer wissenschaftlichen Arbeit dient vor allem folgenden Zielen:

- In der Diskussion erinnern Sie Ihre Leserinnen noch einmal daran, mit welchem Ziel Sie Ihre Forschungsarbeit durchgeführt haben.
- In der Diskussion beantworten Sie endlich die Frage(n), die Sie bereits in der Einleitung und im Theorieteil Ihrer Bachelorarbeit aufgeworfen haben.
- Anders als im Ergebnisteil ist im Diskussionsteil der Raum, die Ergebnisse auch zu interpretieren: Sie können hier Ihren Leserinnen mitteilen, weshalb Ihre Ergebnisse wichtig, glaubwürdig, interessant, überraschend oder wünschenswert sind.
- In der Diskussion bringen Sie Ihre Ergebnisse und Ihre Forschungsarbeit in den theoretischen Diskurs ein. Sie tragen durch die Verknüpfung Ihrer Ergebnisse mit der Theorie und früheren Forschungsarbeiten dazu bei, dass sich Theorie und Forschung weiterentwickeln. Sie können und sollen in Ihrem Diskussionsteil auch Empfehlungen ableiten, wie weitere Forschungsarbeiten zu Ihrem Thema aussehen könnten.
- In der Diskussion ist auch Raum für eine kritische Reflexion Ihrer Forschungsarbeit. Sie können Ihren Leserinnen und Lesern (und vor allem Ihrer Betreuerin bzw. Ihrem Betreuer) in der Diskussion mitteilen, was Sie mit Ihrer Bachelorarbeit über Forschung gelernt haben, indem Sie aufzeigen, was gut gelungen ist und was Sie gegebenenfalls in weiteren Forschungsarbeiten besser machen möchten.
- In der Diskussion zeigen Sie Ihren Leserinnen, welche praktischen Implikationen Ihre Forschungsarbeit hat. Sie können also noch einmal deutlich machen, warum Ihre Arbeit bedeutsam ist, und was man für die Praxis aus Ihren Erkenntnissen lernen kann.

- Und schließlich ist die Diskussion in der Regel der Teil Ihrer Arbeit, den Leserinnen zuletzt lesen. Mit der Diskussion können Sie deshalb mitbestimmen, wie sich Ihre Leserinnen und Leser an Ihre Arbeit erinnern.

Die Inhalte der Diskussion, die für Ihre Leserinnen spannend sind, können Sie also, wenn Sie sich die Ziele anschauen, nutzen, um Ihre eigenen Ziele noch einmal zu verdeutlichen. Im nächsten Abschnitt erhalten Sie von uns ein paar Empfehlungen, wie Sie diese Ziele in gut strukturierte und nachvollziehbare Inhalte umsetzen.

6.2 Wie schreiben Sie eine gute Diskussion?

Eine gute Diskussion sollte natürlich die Erwartungen Ihrer Leserinnen und Leser sowie die Ziele der Diskussion erfüllen. Aus den Zielen der Diskussion können Sie deshalb auch die Inhalte ableiten. Wie gehen Sie aber vor, wenn Sie die Diskussion schreiben?

Vorbereitung

Wir haben es ja oben schon geschrieben, manchmal ist gegen Ende der Arbeit die Luft ein wenig raus und vielleicht haben auch Sie nicht mehr so viel Freude am Schreiben wie noch zu Beginn des Prozesses. Deshalb ist ein guter Einstieg in das Schreiben des Diskussionsteils, dass Sie sich zunächst noch einmal die Ziele Ihrer Arbeit verdeutlichen. Vielleicht haben Sie bereits recht früh Ihre Forschungsfragen und Hypothesen auf einen Zettel geschrieben und diesen an die Wand gehängt, damit Sie sie beim Schreiben immer vor Augen haben. Schauen Sie sich diesen Zettel noch einmal an und formulieren Sie für sich die Antworten auf die Fragen, mit denen Sie Ihre Forschungsarbeit begonnen haben.

Kernaussagen sammeln

Überlegen Sie, was Sie Ihren Leserinnen und Lesern zum Schluss der Arbeit mitteilen möchten. Woran sollen sie sich erinnern, wenn sie nach dem Lesen die Arbeit zuklappen? Die eigene Bachelorarbeit nach mehreren Jahren im Studium und nach Wochen des Schreibens in der Hand zu halten, ist ein tolles Gefühl. Und die Vorstellung, wie auch andere Ihre Arbeit halten und lesen, ist ebenfalls großartig. Was wollen Sie diesen Menschen sagen?

Struktur und Gliederung

Damit Ihre Leserinnen und Leser Ihre Botschaft wahrnehmen, ist es wichtig, dass Sie Ihre Diskussion sinnvoll strukturieren. Als

Sanduhr-Prinzip

Einstieg in das Schreiben und gleichzeitig zur Planung ist es eine gute Strategie, dass Sie zunächst die Überschriften zur Gliederung Ihrer Diskussion anlegen. Zu jeder Überschrift können Sie dann ein paar Stichworte zu den Inhalten, die Sie hier aufschreiben möchten, notieren. Diese formulieren Sie dann in einem nächsten Schritt aus.

Aber was ist eine gute Struktur für die Diskussion? Die Ziele des Diskussionsteils, die wir oben aufgelistet haben, folgen nicht willkürlich aufeinander. Sie sind in einer Reihenfolge aufgeführt, wie sie auch häufig in Forschungsartikeln in der Diskussion zu finden ist. Hilfreich ist bei der Strukturierung der Diskussion auch die Erinnerung an das Sanduhr-Prinzip (siehe Kapitel 2). Da wir mit der Diskussion am Ende der Arbeit sind, also sozusagen am unteren Ende der Sanduhr, können Sie ableiten, dass Sie inhaltlich in der Diskussion vom Speziellen zum Allgemeinen hinleiten. Von der Struktur her gehen Sie von Ihren Ergebnissen zur Literatur, dann zur Theorie und schließlich zur Praxis.

Tobias

Diese Strukturierung der Diskussion wählte Tobias in seiner Bachelorarbeit:
5. Diskussion
5.1 Ziele und Ergebnisse dieser Arbeit
5.2 Beitrag der Ergebnisse zu Motivations- und Unterrichtstheorien
5.3 Grenzen der Arbeit und Ideen für zukünftige Forschung
5.4 Praktische Implikationen: Was können Lehrerinnen und Lehrer aus den Ergebnissen dieser Studie lernen?

An Ziele und Ergebnisse erinnern

Der erste Abschnitt in der Diskussion ist in der Regel eine Erinnerung an die Forschungsfragen und -ziele Ihrer Bachelorarbeit. Zu jeder Ihrer Hypothesen berichten Sie knapp, welches Ergebnis Ihre Forschungsarbeit erbracht hat. Stellen Sie sich einfach vor, eine Leserin oder ein Leser hätte alle anderen Kapitel Ihrer Arbeit übersprungen und wäre ganz neugierig zum Diskussionsteil gesprungen. Dabei wiederholen Sie natürlich nicht vollständig und erst recht nicht wortwörtlich die Inhalte des Ergebnisteils. Nehmen Sie aber Stellung dazu, ob Ihre Annahmen durch die Ergebnisse gestützt wurden oder nicht.

Verknüpfung mit Forschung

Gehen Sie in der Diskussion Ihrer Ergebnisse darauf ein, wie sie sich zu den Ergebnissen der Forschungsarbeiten anderer Autorinnen und Autoren verhalten. Haben Sie in Ihrer Arbeit das Ergebnis ermittelt, das Sie aufgrund früherer Studien zu Ihrem Thema erwartet haben, dann trägt dies zur Bestätigung der Theorie bei.

Wenn Sie aber zu einem anderen Ergebnis gekommen sind, ist es interessant, dass Sie diskutieren, woran das liegen könnte. Dabei argumentieren und erklären Sie, weshalb Ihre Ergebnisse von den Annahmen abweichen. Wenn Ihre Ergebnisse die Annahmen nicht stützen, bewirkt das oft eine sehr interessante Diskussion. Mögliche Gründe können in methodischen Mängeln der anderen oder Ihrer Studie liegen. Vielleicht haben Sie auch eine Stichprobe untersucht, die von denen in anderen Studien abweicht. Dann liefern Ihre Ergebnisse einen Hinweis darauf, dass die Ergebnisse nicht so einfach generalisiert werden können. Oder Sie haben Variablen auf eine neue Art operationalisiert? Das ist ein guter Ausgangspunkt für Überlegungen, ob die Messinstrumente tatsächlich dasselbe Konstrukt abbilden. **Argumente**

In der Diskussion Ihrer Hypothesen ist die folgende Strukturierung sinnvoll: Erinnern Sie Ihre Leserinnen an die jeweilige(n) Hypothese(n). Berichten Sie, welches Ergebnis Ihre Studie zu dieser Hypothese erbracht hat. Erklären Sie, ob das Ergebnis die Hypothese stützt oder nicht. Diskutieren Sie dann das Ergebnis unter Einbezug anderer Forschungsarbeiten und der Theorie. Falls die Hypothese nicht bestätigt wurde, stellen Sie Überlegungen an, woran das liegen könnte. Dabei dürfen Sie auch verschiedene Erklärungsansätze vergleichen. Lassen Sie keine Hypothese in der Diskussion aus. Kein Ergebnis ist unwichtig für Ihre Forschungsarbeit. **Struktur der Hypothesendiskussion**

Nachdem Sie die Hypothesen und Ihre Ergebnisse diesbezüglich diskutiert haben, ist es angemessen, dass Sie sich noch einmal auf die Theoriegrundlage Ihrer Bachelorarbeit beziehen. Erläutern Sie, wie Ihre Studie zu der Theorie insgesamt beigetragen hat, und schlagen Sie vor, wie die Theorie eventuell auf Grundlage Ihrer Ergebnisse erweitert und modifiziert werden könnte oder müsste. **Theoriegrundlage**

Da Sie ja Ihre Ergebnisse mit Bezug auf andere Forschungsarbeiten und die Theorie diskutieren, werden Sie sich im Diskussionsteil auch wieder auf Quellen beziehen. Die Regeln zum Zitieren haben Sie aus Kapitel 3 sicher noch in Erinnerung. Da Sie Ihre Forschungsfragen im Theorieteil schon sorgfältig aus der Literatur hergeleitet haben, ist es eher ungewöhnlich, wenn Sie im Diskussionsteil noch einmal neue Literatur zitieren. In Einzelfällen kann es sein, dass ein Ergebnis noch einmal mit einem Hinweis auf eine bisher nicht zitierte Quelle erklärt wird. Insgesamt rundet die Diskussion Ihr Forschungsvorhaben ab und nutzt dabei die zu Beginn eingeführten Argumente. **Zitieren**

zukünftige Forschung Sie können aus Ihren Überlegungen Vorschläge für weitere Forschungsarbeiten ableiten, mit denen die neuen Forschungsfragen, die aus Ihrer Studie erwachsen, untersucht werden können. Das müssen nicht zu viele sein, versuchen Sie sich auf zwei oder drei Vorschläge zu begrenzen.

kritische Reflexion Die Diskussion ist auch der Teil Ihrer Bachelorarbeit, in der Sie Ihre Vorgehensweise kritisch reflektieren. Keine Angst, die Kritik an Ihrer eigenen Arbeit ist kein Grund für eine schlechtere Note! Erstens fallen Ihrer Betreuerin bzw. ihrem Betreuer die kritischen Punkte ohnehin auf und zweitens haben Sie mit Ihrer Selbstkritik die Möglichkeit, aufzuzeigen, dass Sie viel über das wissenschaftliche Arbeiten dazugelernt haben. Zeigen Sie allgemein die Grenzen der Generalisierbarkeit Ihrer Erkenntnisse auf. Äußern Sie sich außerdem zu den (möglichen) Schwächen der eingesetzten Methodik und erörtern Sie, wie diese die Interpretation und Validität der Ergebnisse beeinträchtigen. Sie müssen sich für die Grenzen und Schwächen nicht entschuldigen. Erinnern Sie Ihre Leserinnen aber daran, dass z.B. die Generalisierbarkeit Ihrer Erkenntnisse eingeschränkt ist, weil Sie ausschließlich Psychologiestudierende in der Stichprobe haben, oder bieten Sie über die Diskussion Ihrer Methodik eine Erklärung für Ergebnisse, die von Ihren Hypothesen abweichen.

Stärken Betonen Sie nach den Schwächen und Grenzen der Arbeit aber auch noch einmal die Stärken: Warum sind Ihre Ergebnisse wichtig, und wie bringen sie die Forschung voran? Wie können die Ergebnisse zum Verständnis des von Ihnen untersuchten Phänomens beitragen?

Praxisrelevanz Zum Schluss der Diskussion und der Arbeit können Sie die Überlegungen aus Ihrer Einleitung noch einmal aufgreifen (siehe Kapitel 3.1): Erklären Sie Ihren Lesern, weshalb Ihre Arbeit interessant und relevant ist, und beantworten Sie in klaren und einfachen Worten die Hauptfragestellung, und leiten Sie (vorsichtige) Empfehlungen für die Praxis aus Ihrer Arbeit ab. Diesen letzten Eindruck werden Ihre Leser in Erinnerung behalten.

Überarbeitung Wenn Sie einen ersten Entwurf Ihrer Diskussion geschrieben haben, sollten Sie Ihren Text noch einmal explizit mit Ihrem Theorieteil und Ihrer Einleitung vergleichen. Achten Sie darauf, dass Sie sich in der Argumentation nicht widersprechen. Achten Sie bei der Korrektur und Überarbeitung auch darauf, dass Sie klar hervorheben, an welchen Stellen Sie spekulieren und wo Sie sich auf Daten stützen.

Tipps zum Schluss

Mit einem starken Ende hinterlassen Sie einen guten Eindruck bei Ihren Leserinnen. Die Diskussion muss und soll dabei gar nicht sehr lang sein. Fassen Sie sich kurz, gehen Sie aber auf alle wichtigen Aspekte ein und präsentieren Sie Ihre Argumente logisch und nachvollziehbar.

Tipps zum Weiterlesen:

American Psychological Association (2020). *Publication manual of the American Psychological Association.* Washington, DC: American Psychological Association.
Bem, D.J. (2003). *Writing the empirical journal article.* Zugriff am 30.07.2019 unter http://dbem.org/WritingArticle.pdf
Calfee, R. (2000). What does it all mean: The discussion. In R.J. Sternberg (Ed.), *Guide to publishing in psychology journals* (pp. 133–145). New York, NY: Cambridge University Press.
Cooper, H. (2011). *Reporting research in psychology. How to meet journal articles reporting standards.* Washington, DC: American Psychological Association.

7 Systematische und narrative Reviews

Warum Reviews? In den ersten Besprechungen zu ihren Bachelorarbeiten haben wir unsere Studierenden häufig sagen hören, dass sie gerne einen Review schreiben möchten. Auf die Frage, warum sie lieber einen Review als eine empirische Arbeit anfertigen wollen, hören wir dann mehrere Gründe:

1 Viele Studierende haben das Gefühl, dass ein Review sie sicherer zum Ziel führt, da Unwägbarkeiten wie z. B. Probleme mit dem Rekrutieren von Versuchsteilnehmerinnen entfallen. Diesem Argument können wir uns zunächst nicht verschließen. Da Sie bei einem Review allerdings statt mit Versuchspersonen mit Literatur arbeiten, müssen Sie auch beim Anfertigen eines Reviews mit Unwägbarkeiten wie z. B. der langsamen Fernleihe rechnen.
2 Die eine oder andere unserer Bachelorstudierenden gab im Gespräch zu, dass sie das Schreiben eines Reviews gegenüber einer empirischen Arbeit nicht nur für sicherer, sondern vor allem für weniger aufwändig hielt. Aber stimmt das auch? Ist ein Review die einfachere, sicherere und weniger aufwändige bzw. schnellere Lösung zum Bachelorabschluss? Wenn das so wäre, würden wir Ihnen definitiv dazu raten, dass Sie sich eine eigene empirische Untersuchung sparen und lieber einen Review anfertigen. Leider müssen wir Ihnen aber sagen, dass es mindestens genauso aufwändig ist, einen Review zu schreiben wie ein Experiment durchzuführen und darüber zu berichten.
3 Die meisten Studierenden sind der Meinung, dass sie das Schreiben eines Reviews im Studium im Rahmen von Hausarbeiten schon gut geübt haben. Ein Review ist aber keine Hausarbeit (siehe Tabelle 7.1). In Kapitel 1 haben wir definiert, dass Reviews Primärstudien zu einer bestimmten Forschungsfrage zusammenstellen, um aus ihnen neue Forschungserkenntnisse abzuleiten. Daraus ergeben sich wichtige Unterschiede zu einer Hausarbeit wie sie an der Uni üblich

ist. Diese Unterschiede haben wir in der folgenden Tabelle 7.1 dargestellt.

Tabelle 7.1
Unterschiede zwischen einer Forschungsarbeit und einer Hausarbeit

Eine Forschungsarbeit …	Eine Hausarbeit …
… stellt Hypothesen auf. … ist argumentativ aufgebaut. … bewertet/evaluiert. … stellt die Grundfragen Warum und Wie. … präsentiert Daten.	… sagt, was andere herausgefunden haben. … beschreibt. … fasst zusammen. … stellt die Grundfrage WAS.
Beispiel: Wie schwierig bewerten Studierende Ihre Bachelorarbeit vor Beginn und nach der Abgabe? Gibt es Unterschiede je nach Art der angefertigten Bachelorarbeit?	Beispiel: Welche Arten von Bachelorarbeiten gibt es? Was kennzeichnet diese?

Mit der Aufgabe, einen Review zu schreiben, haben Sie, wenn Sie die *Tabelle 7.1* anschauen, also eine größere Aufgabe übernommen, als „nur" eine lange Hausarbeit zu schreiben. Sie sollen das, was Sie gelesen haben, nicht nur darstellen, sondern daraus neue Erkenntnisse generieren. Der Fairness halber müssen wir aber sagen, dass wir mit einigen Kolleginnen und Kollegen gesprochen haben, die tatsächlich eher eine Hausarbeit als einen echten Review von ihren Bachelorstudierenden erwarten. Deshalb empfehlen wir Ihnen, dass Sie Ihre Betreuerin bzw. Ihren Betreuer, falls Sie einen Review schreiben, gezielt ansprechen und fragen, was sie unter einer solchen Aufgabe versteht: eine ausführlich recherchierte Hausarbeit oder das Ableiten von Erkenntnissen zu einer bestimmten Forschungsfrage aus Primärstudien? Falls Letzteres zutrifft, finden Sie in diesem Kapitel Tipps und Hinweise, mit denen wir Sie bei dieser Aufgabe unterstützen möchten.

Forschungs- vs. Hausarbeiten

Nach diesem Kapitel können Sie …
… die Zielsetzungen für Ihren Review konkretisieren.
… strategisch an die Anfertigung Ihres Reviews herangehen.
… eine Gliederung für Ihren Review erstellen und mit Inhalten füllen.

7.1 Systematische vs. narrative Reviews

Arten von Reviews In Kapitel 1 haben wir u. a. erklärt, dass es grob zwei Arten von Reviews gibt: systematische und narrative Reviews. Ein narrativer Review ist vielleicht tatsächlich ein bisschen so wie eine gründlich recherchierte Hausarbeit, allerdings mit dem Zusatz, dass auch über die Literatur hinaus Aussagen getroffen bzw. abgeleitet werden sollen.

> Narrative Reviews bieten einen breiten Überblick zu einem bestimmten Thema. Die Auswahl der berücksichtigten Literatur ist dabei aber eher unsystematisch und subjektiv geprägt.

Diese unsystematische Auswahl der zurate gezogenen Literatur hat den Nachteil, dass die Aussagen, die aus einem solchen narrativen Review abgeleitet werden, unsicher sind. Schließlich könnte es sein, dass die ausgewählte Literatur nur einen Teil der in der Forschung erworbenen Kenntnisse abbildet. Wenn wir wieder die Analogie zwischen Versuchspersonen in einer empirischen Studie und den Primärstudien als „Versuchsobjekten" in einem Review bemühen, ergeben sich aus einem unsystematischen Vorgehen ähnliche Nachteile wie wir sie in Kapitel 3 für die nicht-randomisierte Zuweisung der Versuchspersonen zu den experimentellen Gruppen und für eine nicht-zufällige Stichprobe berichtet haben.

systematische Reviews Aus diesem Grund ist es sinnvoll, dass Sie an die Auswahl der in den Review eingehenden Literatur systematisch herangehen.

Zu diesem Abschnitt gibt es zusätzliches Online-Material.

> Eine geplante und nachvollziehbare Auswahl der im Review berücksichtigten Literatur ist das Hauptmerkmal eines systematischen Reviews.

Eine Form des systematischen Reviews besteht darin, dass die Auswertung anhand einer kritischen Diskussion der berücksichtigten Primärstudien erfolgt.

> Metaanalysen, die ebenfalls zu den systematischen Reviews gehören, werten die Erkenntnisse aus Primärstudien mit statistischen Methoden aus.

Die Idee hinter dieser Art der Zusammenfassung von Primärstudien durch eine Analyse der Daten aus diesen Studien ist, dass die Teststärke durch die Zusammenfassung der einzelnen Studien erhöht wird. Wenn Sie sich überlegen, dass z. B. zehn Studien zur gleichen Forschungsfrage durchgeführt wurden, dann haben die entsprechenden Forscherinnen ja auch zehn Stichproben zur Untersuchung ihrer Hypothesen gezogen. In Kapitel 5 haben wir erklärt, dass eine Stichprobe zufälligen Schwankungen unterworfen ist und deshalb die Grundgesamtheit der interessierenden Menschen in der Regel nicht perfekt abbildet. Durch die Zusammenfassung der zehn Stichproben aus den unterschiedlichen Primärstudien fallen die Schwankungen der einzelnen Stichproben nicht mehr so stark ins Gewicht, sie mitteln sich aus (siehe auch Methoden zur Erhöhung der Reliabilität in Kapitel 4). Die Erkenntnisse, die durch die Metaanalyse gewonnen werden, sind somit besser auf die Grundgesamtheit generalisierbar. Das gilt natürlich nur, wenn die Metaanalyse sorgfältig durchgeführt wurde. Zum tieferen Einlesen in die Prinzipien der Metaanalyse empfehlen wir Ihnen unten ein paar gut verständliche Werke. In aller Regel ist das statistische Handwerkszeug, das für die Durchführung einer Metaanalyse erforderlich ist, (noch) nicht Gegenstand der Bachelorstudiengänge.

Wenn Sie einen Review als Bachelorarbeit schreiben, sollten Sie mit Ihrer Betreuerin oder Ihrem Betreuer besprechen, ob Sie einen narrativen oder einen systematischen Review schreiben. Wenn Sie einen systematischen Review schreiben (sollen), müssen Sie mit Ihrer Betreuerin bzw. Ihrem Betreuer außerdem klären, ob Sie die einbezogene Literatur verbal oder mit statistischen Mitteln auswerten: Fertigen Sie also eine Metaanalyse an, oder reicht es, wenn Sie die Literatur in Bezug auf Ihre Fragestellungen diskutieren? **narrativ oder systematisch?**

Als nächsten Schritt machen Sie sich dann Gedanken darum, welche Forschungsfragen und Hypothesen Sie in Ihrer Bachelorarbeit genau untersuchen, Sie grenzen also das Thema ein. Entsprechend leiten Sie ab, nach welchen Kriterien Sie Forschungsarbeiten für Ihre Arbeit recherchieren und aussuchen. Sowohl **nächste Schritte** den Suchprozess als auch die Auswahl der berücksichtigten Literatur dokumentieren Sie in Ihrer Bachelorarbeit, so dass Ihre Leserinnen nachvollziehen können, dass Sie sorgfältig (und systematisch) vorgegangen sind. Dieses Kapitel gibt Ihnen im Folgenden für die genaue Themenbestimmung sowie für das Schreiben Ihrer Bachelorarbeit einige Tipps. Da es beim Anfertigen eines Reviews aber weniger formale Regeln gibt als beim Schreiben über eine Primärstudie, raten wir Ihnen, das Vorgehen in enger Zusammenarbeit mit Ihrer Betreuerin bzw. Ihrem Betreuer zu planen und sich Beispielreviews aus psychologischen Fachzeitschriften als Modell zu nehmen.

7.2 Welche neuen Erkenntnisse kann man in einem Review gewinnen? Typische Fragestellungen

Zielkategorien für Reviews Wie auch in Kapitel 2 dargelegt, ist es wichtig, zunächst das Thema für die Bachelorarbeit genau einzugrenzen. In einem interessanten Artikel in der *Psychological Bulletin* stellte Cooper (2003) verschiedene Ziele einander gegenüber, die Autorinnen mit Reviewartikeln verfolgen. Diese Zusammenstellung ist sehr spannend, weil sie die verschiedenen Aspekte eines systematischen oder narrativen Reviews aufzeigt. Cooper (2003) kategorisiert Reviews nach sechs verschiedenen Zielkategorien. Für jede Zielkategorie muss eine Auswahl getroffen werden. Auf diese Zielkategorien gehen wir im Folgenden näher ein. In der Zielfindung und Themeneingrenzung für Ihre Bachelorarbeit treffen Sie ebenfalls für jede Zielkategorie eine Festlegung. Diese Entscheidungen helfen Ihnen dann, eine gute Gliederung (siehe auch Kapitel 7.4) und einen roten Faden zu finden.

7.2.1 Welche Informationen werden ausgewertet?

Die erste Frage, die Sie sich zu Ihrem Review stellen sollten, ist, welche Arten von Informationen Sie in Ihrem Review darstellen möchten. Mit dieser Eingrenzung treffen Sie die Entscheidung darüber, worauf Sie beim Recherchieren und Auswerten der Primärstudien besonderen Wert legen. Nach Cooper (2003) sind die folgenden vier Informationsarten besonders typisch für Reviews in der Psychologie:

1 Was sagen die Forschungsergebnisse zu einem Themenbereich? An eine Übersicht zu Forschungserkenntnissen aus Primärstudien denkt man wahrscheinlich als erstes beim Begriff des Reviews. In Metaanalysen werden die Ergebnisse aus Primärstudien ja sogar statistisch weiterverarbeitet. Die Forschungsfrage zu einem Review, der Forschungsergebnisse auswertet, könnte lauten: Wirken sich Selbstregulationstrainings positiv auf Lernergebnisse aus? Berücksichtigt würden dann die Ergebnisse zur Effektivität von Selbstregulationstrainings im Vergleich zu Lernergebnissen bei Gruppen mit keiner oder einer anderen Trainingsmaßnahme. *Forschungsergebnisse*

2 Mit welchen Forschungsmethoden wird in einem Bereich gearbeitet, und zu welchen (unterschiedlichen?) Ergebnissen führen diese? Interessant sind für Forscherinnen und Forscher auch Reviews, die verschiedene Forschungsmethoden zu einem bestimmten Forschungsgegenstand genauer betrachten. Aus diesen Erkenntnissen können Entscheidungen für die Forschungsmethodik in weiteren Studien abgeleitet werden. Eine Variation der Forschungsfrage zu den Selbstregulationstrainings, die vor allem Forschungsmethoden im Blick hat, könnte mit dem Ziel, die Forschungsmethodik näher zu betrachten, lauten: Welche Maße für die Effektivität von Selbstregulationstrainings werden in Studien herangezogen, und wo zeigen sich die größten Effekte? Genauer betrachtet würde dann z. B., ob die Autorinnen und Autoren der Primärstudien in ihren Forschungsarbeiten z. B. Lernerfolg oder soziales Verhalten oder z. B. auch den subjektiven Eindruck der Teilnehmerinnen als Effektivitätsmaß herangezogen haben. Andere Möglichkeiten wären z. B. auch der Vergleich der Ergebnisse zu einem Forschungsthema je nachdem, ob in den Primärstudien mit Interviews, Videoanalysen oder verschiedenen Tests und Fragebögen gearbeitet wurde. *Forschungsmethoden*

3 Welche (unterschiedlichen?) Theorien werden zur Erklärung der Phänomene in einem bestimmten Bereich herangezogen? Gerade wenn ein Forschungsgegenstand aus unterschiedlichen Theorierichtungen interessant ist, lohnt sich auch ein Vergleich der Beiträge aus diesen unterschiedlichen theoretischen Strömungen. Ein solcher Review kann z. B. dazu beitragen, dass die Erkenntnisse und Theorien weiterentwickelt werden. Am Beispiel der Selbstregulation wäre es z. B. möglich, in einem Review die Forschungsfrage zu untersuchen, *Theorien*

welche Beiträge aus der Kognitionsforschung und aus der Motivationsforschung oder auch aus der Psychologie und aus der Pädagogik erbracht wurden, welche Überschneidungen und welche unterschiedlichen Erkenntnisse es gibt.

Praktiken/ Anwendungen

4 Welche Praktiken oder Anwendungen werden in den Studien eingesetzt und mit welchem Erfolg? Reviews, die verschiedene Praktiken oder Anwendungen einbeziehen, betrachten näher, welche Effekte unterschiedliche Maßnahmen erbringen. Dabei ist z. B. auch spannend, welche Aspekte sich als besonders effektiv erweisen. Für die Praxis ergeben sich aus solchen Reviews wichtige Hinweise zur Gestaltung von Maßnahmen. Dignath, Büttner und Langfeldt (2008) z. B. verglichen in einer Metaanalyse verschiedene Selbstregulationstrainings und leiteten aus den Primärstudien ab, welche Aspekte der Trainings die besten Effekte erbrachten. Die Studie von Hattie (2011) hat weitere Arbeiten angestoßen, in denen die Umsetzung der Befunde aus der Meta-Analyse in Unterrichtskonzepte entwickelt wurden (Fisher, Frey & Hattie, 2016).

7.2.2 Was soll mit dem Review bezweckt werden?

Die erste Frage zu den Zielen von Reviews beschäftigte sich damit, welche Informationen interessant sind. Die zweite Frage nach dem Zweck des Reviews dient dazu, zu bestimmen, wie mit den Informationen verfahren werden soll. In der Psychologie finden sich hauptsächlich die folgenden drei Möglichkeiten:

Integration

1 Integration von Forschungserkenntnissen: Diese Variante von Review-Zwecken trifft man in psychologischen Journals wahrscheinlich am häufigsten. In den Beispielen oben (Kapitel 7.2.1) klingt dieser Zweck auch stark an. Reviews, die Forschungserkenntnisse integrieren, sollen oft eine Generalisierung von Forschungsergebnissen ermöglichen, z. B. indem in einer Metaanalyse Ergebnisse weiterverarbeitet werden, oder auch, indem Erkenntnisse aus Studien mit verschiedenen Stichproben (z. B. von Kleinkindern bis älteren Menschen) verglichen werden. Eine weitere Möglichkeit ist, dass durch Reviews Konflikte zwischen verschiedenen Theorien gelöst werden sollen. Die Autorinnen solcher Reviews schauen sich dann genau die Gemeinsamkeiten und Unterschiede an und

treffen auf dieser Grundlage Aussagen, die für oder gegen eine Perspektive sprechen oder auch eine vollkommen neue, integrierte Sichtweise ermöglichen. Interessant sind auch Reviews, die Primärstudien aus verschiedenen Disziplinen einbeziehen und sprachlich zusammenführen. Die Sprachentwicklung von Kindern wird z. B. sowohl in der Entwicklungspsychologie als auch in der Linguistik untersucht. Dabei kann es sein, dass für dieselben Phänomene unterschiedliche Fachbegriffe verwendet werden. Werden diese in einem Review zusammengeführt, können Forscherinnen aus beiden Disziplinen leichter relevante Arbeiten aus der jeweils anderen Disziplin recherchieren und identifizieren.

2 Kritik: Ein möglicher Zweck für einen Review kann auch sein, dass an einer Forschungsmethode, einem Forschungsgegenstand, einer Theorie oder einer Maßnahme Kritik geübt werden soll. Die Herausforderung für die Autorinnen liegt dann besonders darin, die Kritik gut zu begründen und ihre subjektive Meinung zugunsten von Daten und Fakten in der Argumentation zurückzustellen. Kritik

3 Identifizieren zentraler Themen: Gerade wenn die Forschung zu einem Thema noch jung ist, können Reviews auch helfen, zentrale Themen zu identifizieren. In einem solchen Review werden Forschungsideen und -erkenntnisse zusammengetragen, und es wird der weitere Forschungsbedarf anhand der in den ausgewerteten Arbeiten identifizierten Lücken und Forschungsfragen bestimmt. Diese Reviews sind häufig ein Ausgangspunkt für weitere Primärstudien. zentrale Themen identifizieren

7.2.3 Wie positioniert sich der Autor/die Autorin?

Bei der Planung eines Reviews müssen Sie auch entscheiden, welche Position Sie einnehmen: Möchten Sie eine balancierte Sicht der Dinge präsentieren oder fließt in den Review auch Ihre persönliche Sichtweise ein? In der Regel ist eine neutrale Position, die auch einander widersprechende Ansichten balanciert berücksichtigt, angemessen. Wenn Sie aber Ihren eigenen Standpunkt vertreten möchten, müssen Sie dies klar kennzeichnen. Dabei ist wichtig, dass Sie dennoch Gegenmeinungen berücksichtigen und mit guten Argumenten statt persönlichen Gefühlen und Eindrücken Ihre Position vertreten. balanciert vs. persönlich

7.2.4 Welche Bandbreite an Literatur wird berücksichtigt?

themenbezogen Natürlich sollen Sie in Ihrem Review möglichst alle relevante Literatur berücksichtigen. In der Aufgabe, die Sie sich stellen (oder die Ihnen Ihre Betreuerin bzw. Ihr Betreuer stellt), kann diese relevante Literatur jedoch eingeschränkt sein, so dass Sie nicht „alles" lesen und verwenden müssen, was jemals mit Bezug zu Ihrem Thema geschrieben wurde. Die erste Eingrenzung erfolgte schon über Ihre Themenwahl. Diese trennt die gesamte Literatur von dem Teil, der mit Ihrem Thema zu tun hat.

valide und reliabel Die ersten drei Ziel-Fragen (Kapitel 7.2.1–7.2.3) grenzen die infrage kommende Literatur weiter ein. Mit diesen Fragen haben Sie Ihr Thema soweit abgesteckt, dass Sie wissen, welche Literatur prinzipiell geeignet ist, damit Sie valide Aussagen aus Ihrem Review ableiten können. Da Sie zuverlässige (reliable) Aussagen treffen möchten, bestimmen Sie auch Kriterien, die Sie an die wissenschaftliche Qualität der Primärstudien stellen. Denn wenn Sie Aussagen aus qualitativ minderwertigen Primärstudien ableiten, sind folglich auch Ihre Erkenntnisse daraus nicht unbedingt vertrauenswürdig.

Literaturrecherche Als nächstes entscheiden Sie außerdem, wie umfassend Sie Ihre Literaturrecherche gestalten:

1 Möchten Sie alles finden, was noch zu Ihren Kriterien passt?
2 Gibt es weitere Einschränkungen? Ziehen Sie z. B. nur die Literatur der vergangenen zehn Jahre für Ihren Review heran? Oder nur Studien, die im deutschen Sprachraum durchgeführt wurden (was trotzdem bedeutet, dass sie auf Englisch veröffentlicht sein können)? Nur Studien, deren Stichproben gewisse Merkmale aufweisen (z. B. nur Schülerinnen und Schüler, nur Personen ab 70 Jahre)?
3 Beziehen Sie nur besonders repräsentative Arbeiten in Ihren Review mit ein? Hier müssen Sie vorsichtig sein, wie Sie diese Repräsentativität definieren.

7.2.5 Wie ist der Text organisiert?

Die Antwort auf diese Frage muss zur Forschungsfrage und den Entscheidungen bei den anderen Fragen passen. Prinzipiell finden sich vor allem drei Strukturierungsrationale:

1 **Historisch:** Bei diesem Prinzip wird der Text anhand des Erscheinungsdatums oder bestimmter Perioden organisiert, so dass entweder die ältesten oder neuesten Erkenntnisse zuerst kommen. Die Gliederung anhand historischer Gesichtspunkte eignet sich vor allem, wenn Sie einen umfassenden Überblick über eine Forschungstradition oder einen Forschungsgegenstand geben möchten.   **historisch**
2 **Konzeptuell:** Diese Gliederung des Textes orientiert sich an konzeptuellen Überlegungen wie z. B. den Forschungsfragen, die in einem Review näher beleuchtet werden sollen. Für Ihre Bachelorarbeit sollten Sie diese Art der Strukturierung in Erwägung ziehen, wenn Sie Forschungsergebnisse, Anwendungen oder Theorien für Ihren Review auswerten.   **konzeptuell**
3 **Methodisch:** Eine methodische Gliederung strukturiert den Text anhand verschiedener Forschungsmethoden. Deshalb eignet diese Gliederung sich auch besonders gut, wenn die Forschungsmethoden im Vordergrund des Reviews stehen.   **methodisch**

7.2.6 Für welche Zielgruppe ist der Text geschrieben?

Die letzte der Zielkategorien nach Cooper (2003) betrifft die Zielgruppe, auf die der Text ausgerichtet ist. Er unterscheidet hier die spezialisierte Fachleserschaft, das sind Leserinnen und Leser, die zum gleichen Forschungsthema forschen. Für diese müssten z. B. zentrale Begriffe nicht definiert werden, da sie ja selbst gut mit der Literatur und Methodik vertraut sind.   **Spezialisten**

Etwas breiter ist die Zielgruppe der Forscherinnen und Forscher allgemein. Bei diesen kann Wissen und Verständnis zu Forschungsmethodik und Prinzipien wissenschaftlichen Arbeitens und Erkenntnisgewinns vorausgesetzt werden. Dennoch sind nicht alle Leserinnen und Leser mit dem speziellen Thema des Reviews vertraut. Also müssen wichtige Begriffe definiert und zentrale Konzepte und Theorien vorgestellt werden. In der Regel wird Ihre Betreuerin bzw. Ihr Betreuer erwarten, dass Sie für eine Leserschaft schreiben, die in der Psychologie forschend tätig ist, sich jedoch nicht nur aus ausgewiesenen Expertinnen zu Ihrem Forschungsthema zusammensetzt.   **Forscher allgemein**

Eine weitere mögliche Zielgruppe sind in der Praxis tätige Leserinnen oder auch Entscheidungsträger aus der Praxis. Diese müssten zunächst an allgemeine Forschungskonzepte herangeführt   **Praktiker**

Leser allgemein

werden; gleichzeitig muss berücksichtigt werden, dass sie mit der Praxis vertraut sind.

Die vierte mögliche Zielgruppe sind Leserinnen der interessierten Öffentlichkeit. Ein Review, der für diese Zielgruppe geschrieben ist, wäre vom Stil her geschrieben wie ein Artikel in einer Zeitung oder einer (nicht-wissenschaftlichen) Zeitschrift. Für eine allgemein interessierte Leserschaft oder auch für Expertinnen aus der Praxis zu schreiben, kann sehr spannend sein und ist sicher sehr anspruchsvoll. Theoretische Konzepte müssen für diese Leserinnen und Leser verständlich heruntergebrochen werden. Die Details, wie bestimmte Erkenntnisse hergeleitet wurden, und die Systematik, nach der z. B. die Primärstudien für einen Review ausgewählt wurden, sind für diese Zielgruppen in der Regel nicht von Interesse. Sie sind mehr an verwertbaren Ergebnissen interessiert, die sie für sich umsetzen können. Da Sie mit Ihrer Bachelorarbeit auch Ihre wissenschaftliche Qualifikation nachweisen müssen, eignen sich diese Zielgruppen für Ihren Review allerdings nicht.

7.3 Strategien für das Anfertigen von Reviews

Organisation um das Problem

Die ersten Strategien, um Ihren Review anzufertigen, haben Sie im vorangegangenen Abschnitt schon bekommen: Die Themenfindung und -eingrenzung ist ein sehr wichtiger erster Schritt. Wie auch bei der empirischen Arbeit gilt für einen Review, dass der Text um das Problem herum organisiert sein muss. Sie schreiben also nur über die Inhalte, die zu Ihrem Thema passen und verknüpfen Ihre Argumente so, dass Ihre Leserinnen dem roten Faden Ihrer Arbeit folgen können. Zu diesem Abschnitt gibt es zusätzliches Online-Material. Achten Sie darauf, Ihr Thema sorgfältig einzugrenzen, denn Ihnen steht nur eine begrenzte Zeit zur Verfügung, um Ihr Thema sorgfältig zu bearbeiten. Die Gefahr, dass Sie sich zu viel vornehmen, ist bei einem Review schnell gegeben. Im Vergleich zu einer empirischen Arbeit entspricht dieser erste Schritt dem Festlegen der Hypothesen und dem Ableiten des Versuchsplans.

Auswahlkriterien

Aus Ihren Forschungsfragen, die Sie für den Review festgelegt haben, leiten Sie Kriterien ab, nach denen Sie die Primärstudien auswählen, die Sie für Ihre Arbeit auswerten möchten. Dabei beziehen Sie Ihre Themeneingrenzung in die Überlegungen mit ein. Dokumentieren Sie Ihre Kriterien, damit Sie bei jedem Artikel, den Sie später lesen, eine begründete Entscheidung treffen können. Dies entspricht in einer empirischen Studie dem Festlegen der Instrumente und Methoden, mit denen Sie Ihre unabhängigen und abhängigen Variablen operationalisieren.

Der nächste Schritt ist dann auch bei einem Review das Sammeln von Daten. Ihre Datengrundlage sind die Primärstudien, die Sie in Ihrem Review berücksichtigen. Die Methode, wie Sie diese Daten sammeln, ist eine gut geplante Literaturrecherche und -auswertung. Diese unterscheidet sich prinzipiell nicht von der Literaturrecherche für den Theorieteil der empirischen Arbeit. Sie betten für Ihren Review Ihr Forschungsthema und Ihre Forschungsfragen jedoch nicht nur in den theoretischen Diskurs ein und bereiten Ihre Leserinnen auf Ihre Studie vor, sondern bereiten darüber hinaus die Primärstudien, die Sie lesen, für Ihre Forschungsfragen sorgfältig auf. Bei jedem Artikel, den Sie lesen, sollten Sie sich die folgenden Fragen stellen:

Daten sammeln

- Welches Problem, welche Forschungsfragen und Hypothesen untersucht die Studie? Passt diese zu meinen Zielen und meinem Review?
- Aus welcher theoretischen Perspektive bearbeiten die Autorinnen das Problem? Ist diese Perspektive für den Review relevant?
- Haben die Autorinnen relevante Literatur zitiert, leiten sie ihre Forschungsfragen und Hypothesen nachvollziehbar und logisch ab? Die Antwort auf diese Frage gibt Ihnen gute Hinweise auf die Qualität der Arbeit. Erscheint Ihnen die Auswahl der zitierten Literatur einseitig oder wird die für Ihre Auswahlkriterien relevante Literatur nicht herangezogen, kann das ein Grund sein, die Studie auszuschließen (aber Achtung: Haben Sie die relevante Literatur zugrunde gelegt?).
- Nach welchem Versuchsplan wurden die Daten für die Studie erhoben? Leiten sich der Versuchsplan und das methodische Vorgehen logisch aus den Hypothesen ab? Wurden unabhängige und abhängige Variablen objektiv, reliabel und valide operationalisiert? Erfüllt die Methodik die Mindestkriterien, die Sie für die Auswahl der analysierten Primärstudien zugrunde legen?
- Verwenden die Autorinnen adäquate (statistische) Methoden, um die Daten entsprechend der Hypothesen auszuwerten? Interpretieren Sie die Ergebnisse korrekt und logisch?

Lesetipps

- Wie kann diese Primärstudie zum Verständnis und der Weiterentwicklung des in Ihrem Review untersuchten Forschungsgegenstands beitragen?

Dokumentation Wichtig ist, dass Sie Ihre Literaturrecherche und die Auswahl der in den Review eingehenden Primärstudie sorgfältig dokumentieren, also festhalten, in welchen Datenbanken Sie recherchiert haben, in welchen Zeiträumen, mit welchen Suchbegriffen bzw. Ein- und Ausschlusskriterien. Diese Dokumentation ist in der Regel auch Teil Ihrer Bachelorarbeit.

Analyse und Interpretation Wenn Sie nach einer gründlichen und gut geplanten Literaturrecherche und einer sorgfältigen, auf Kriterien basierenden Auswertung der Primärstudien eine Auswahl getroffen haben, welche Studien Sie für Ihren Review einbeziehen, besteht der nächste Schritt in der Analyse und Interpretation Ihrer „Daten". Dabei orientieren Sie sich an Ihren Forschungsfragen. Ein Review ist keine Aneinanderreihung der Beschreibung verschiedener Studien! Wichtig ist, dass Sie die relevanten Argumente aus den Primärstudien nutzen und argumentativ so verknüpfen, dass Sie neue Erkenntnisse ableiten (siehe auch Bem, 1995).

Bericht Schließlich müssen Sie über Ihren Review berichten, also Ihre Bachelorarbeit schreiben. Empfehlungen, wie Sie dabei vorgehen können, geben wir Ihnen im Folgenden.

7.4 Aufbau eines systematischen Reviews

Regeln und Beispiele Eingangs hatten wir schon einmal erwähnt, dass ein Review nicht so stark reglementiert ist wie ein Bericht über eine Studie. Das lässt Ihnen auf der einen Seite mehr Freiheiten, auf der anderen Seite müssen Sie aber auch selbst eine geeignete Gliederung für Ihren Review erarbeiten. Ein Blick in Reviewartikel, die in psychologischen Fachzeitschriften veröffentlicht wurden, kann Ihnen dabei gute Beispiele geben, aus denen Sie lernen können. Aus solchen Beispielen haben wir für die Betreuung unserer Bachelorstudierenden einen Vorschlag für die Gliederung eines Reviews erarbeitet, der sich auch am Aufbau einer wissenschaftlichen Arbeit über eine Primärstudie orientiert. Im Folgenden stellen wir Ihnen diesen Gliederungsvorschlag mit strategischen Hinweisen zum Schreiben vor. Ob diese Gliederung für Ihren Review geeignet ist, müssen Sie für sich entscheiden. Diskutieren

Sie Ihre Gliederung auch frühzeitig im Schreibprozess mit Ihrer Betreuerin oder Ihrem Betreuer, die Ihnen sicherlich auch wertvolle Hinweise und Tipps geben können. Wir empfehlen (nach der Titelseite, evtl. einer Danksagung, dem Inhaltsverzeichnis und Zusammenfassung und/oder Abstract) folgende Gliederung:

1 Einleitung: Analog zur empirischen Bachelorarbeit führen Sie Ihre Leserinnen und Leser in das Thema Ihrer Arbeit ein. Tipps dazu gibt Kapitel 3.1.

Gliederungsvorschlag

2 Theoretischer Hintergrund: Auch die Forschungsfragen eines Reviews müssen in den theoretischen Diskurs eingebettet werden. Tipps zum Schreiben des Theorieteils finden Sie in Kapitel 3.2. Der Theorieteil schließt mit Ihren Forschungsfragen, die Sie anhand der Primärstudien näher untersuchen.

3 Methode: Im Methodenteil beschreiben Sie, nach welchen Kriterien Sie die Primärstudien ausgewählt haben, die Sie für Ihren Review auswerten.

3.1 Ein- und Ausschlusskriterien für Literatur: Beginnen Sie den Methodenteil mit einer Übersicht zu den Kriterien, die Sie für die Auswahl der Primärstudien festgelegt haben. Das sind einerseits die Qualitätsansprüche und thematischen Grenzen, die Sie angelegt haben. Andererseits gehören zu diesen Kriterien auch Eingrenzungen wie z. B. der Zeitraum oder Merkmale der Versuchspersonen, Stichprobengröße oder Forschungsmethoden.

3.2 Vorgehen: Dieser Abschnitt entspricht der Materialbeschreibung in einer empirischen Bachelorarbeit. Sie dokumentieren, welche Datenbanken und/oder Suchmaschinen Sie für die Recherche verwendet haben, und mit welchen Suchbegriffen Sie in diesen Recherchorten wie viele Treffer erzielt haben. Sie beschreiben außerdem, wie Sie die Anzahl der Treffer auf die endgültig in Ihren Review eingehenden Primärstudien reduziert haben. Dabei sollten Sie natürlich über Ihre Kriterien argumentieren. Z. B. könnten Sie in diesem Abschnitt auflisten, dass X Treffer ausgeschlossen wurden, weil die Stichprobe nicht Ihren Kriterien entsprach, und weitere Y Treffer haben Sie ausgeschlossen, weil Sie methodische Mängel festgestellt haben.

3.3 Einbezogene Quellen: Zum Abschluss des Methodenteils geben Sie eine knappe Übersicht über die Primärstudien, die Sie endgültig in Ihren Review einbeziehen. Dabei ist eine

Darstellung in einer Tabelle meist sehr hilfreich. Sie finden in Reviewartikeln dafür häufig gute Beispiele, an denen Sie sich orientieren können.

4 Ergebnisse: Im Ergebnisteil Ihres Reviews werten Sie die Primärstudien anhand Ihrer Forschungsfragen aus. Ob Sie den Ergebnisteil nach Ihren Forschungsfragen gliedern oder vielleicht historisch oder nach den Forschungsmethoden der Primärstudien, hängt, wie wir oben beschrieben haben, von den Zielen Ihres Reviews ab.

5 Diskussion: Schließlich diskutieren Sie Ihre Ergebnisse unter Einbezug des theoretischen Hintergrunds. Tipps zum Schreiben der Diskussion gibt Ihnen Kapitel 6.

6 Literatur: Wie in jeder wissenschaftlichen Arbeit geben Sie am Ende noch einmal alle Quellen an, die Sie in Ihrer Arbeit verwendet haben (und nur diese!). Die Regeln dazu können Sie ausführlich bei der DGPs (2019) und APA (2020) nachlesen. Auch in Kapitel 3.4 haben wir Ihnen ein paar wichtige Regeln zusammengefasst.

Tipps zum Schluss Am Anfang dieses Kapitels haben wir Ihnen ein paar der Argumente genannt, mit denen unsere Studierenden häufig begründen, weshalb sie einen Review als Bachelorarbeit schreiben möchten. Vielleicht waren Ihre Gründe ganz ähnlich. Insgesamt sind Reviews anspruchsvoller als viele Studierende zunächst vermuten. Sie sind aber, wie Sie gesehen haben, auch eine sehr ertragreiche und für die Forschung äußerst nützliche Art einer wissenschaftlichen Arbeit. Damit Reviews aber gehaltvoll gelingen und nicht nur eine Art „Nacherzählung" von Forschungsarbeiten werden, sind fundierte theoretische und statistische Kenntnisse erforderlich. Im nächsten Kapitel geben wir Ihnen abschließend noch ein paar Anregungen zum Schreiben an sich sowie zum Zeit- und Selbstmanagement während der Bachelorarbeit, die Sie bei der anspruchsvollen Aufgabe, einen Review anzufertigen, unterstützen.

Im Online-Material können Sie Ihr Verständnis prüfen (Quiz 13).

Tipps zum Weiterlesen:

Bem, D. J. (1995). Writing a review article for *Psychological Bulletin*. *Psychological Bulletin, 118*, 172–177.

Cooper, H. M. (2016). *Research synthesis and meta-analysis: A step by step approach. (5th ed.).* Thousand Oaks, CA: Sage.
Field, A. (n.d.). *A bluffer's guide to meta-analysis.* Zugriff am 25.02.2019 unter http://www.discoveringstatistics.com/docs/meta.pdf
Ríos, L. F. & Buela-Casal, G. (2009). Standards for the preparation and writing of Psychology review articles. *International Journal of Clinical and Health Psychology, 9,* 329–344.
Rosenthal, R. (1995). Writing meta-analytic reviews. *Psychological Bulletin, 118,* 183–192.

8 Tipps zum Schluss: So klappt das Schreiben!

In den vorangegangenen Kapiteln haben wir Schritt für Schritt jedes einzelne Kapitel Ihrer Bachelorarbeit für sich beleuchtet und erklärt, was Sie beachten sollten, um einen wissenschaftlich korrekten Text zu verfassen. In diesem letzten Kapitel unserer Anleitung zum Schreiben von Bachelorarbeiten betrachten wir die Arbeit noch einmal im Überblick. Dabei möchten wir Ihnen Strategien vermitteln, mit denen Sie Ihren Text sprachlich so gestalten, dass Ihre Leserinnen und Leser den Text interessant finden und Ihren Gedankengängen folgen können. Außerdem geben wir Ihnen noch ein paar Tipps mit auf den Weg, wie Sie Besprechungen mit Ihrer Betreuerin bzw. Ihrem Betreuer so gestalten können, dass Sie alle nötigen Informationen erhalten und wichtige Vereinbarungen mit ihnen treffen – und das so, dass Sie sich beide an diese Vereinbarungen erinnern und halten können. Da die Zeit für das Verfassen einer Bachelorarbeit in der Regel begrenzt ist, und es nur den wenigsten gelingt, sich während der Schreibzeit auf eine einsame Insel ohne Ablenkungen zurückzuziehen, geben wir Ihnen abschließend noch ein paar Tipps zum Zeit- und Selbstmanagement mit auf den Weg.

Nach diesem Kapitel können Sie ...
... selbst Texte so verfassen, dass sie nicht nur wissenschaftlich korrekt, sondern auch logisch strukturiert und interessant lesbar sind.
... Besprechungen mit Ihrer Betreuerin oder Ihrem Betreuer effektiv nutzen, um alle Ihre wichtigen Fragen zu klären und Vereinbarungen in beiderseitigem Einverständnis zu treffen.
... die Zeit, die Sie für das Verfassen der Bachelorarbeit zur Verfügung haben, effizient nutzen.

8.1 Tipps zum Schreiben guter wissenschaftlicher Texte

> Ein guter wissenschaftlicher Text ist genau wie ein guter Roman: Er liest sich spannend, der Aufbau ist logisch, die Argumentation ist schlüssig, die Sprache verständlich und wenn man das Buch wieder aus der Hand legt, hat man das Gefühl, alle wichtigen Informationen bekommen zu haben und seine Zeit sinnvoll investiert zu haben.

Ganz schön hohe Ansprüche? Es gibt sie tatsächlich, die wissenschaftlichen Texte, die einfach Spaß machen beim Lesen und die diese Anforderungen erfüllen (na gut, ein bisschen grundsätzliches Interesse an psychologischer Forschung schadet nicht). Viel wichtiger ist aber noch: Es gibt Tipps, wie Sie Ihre Bachelorarbeit inhaltlich (siehe 8.1.1: Text-Tipps), stilistisch (siehe 8.1.2: Stil-Tipps) und strategisch (siehe 8.1.3: Überarbeitungs-Tipps) zu einem guten wissenschaftlichen Text machen können. Diese Tipps entstammen unserer eigenen Erfahrung, sind jedoch auch aus verschiedenen Quellen zum Schreiben guter psychologischer Texte zusammengetragen (v. a. Sternberg, 2000; siehe auch Tipps zum weiterführenden Lesen).

8.1.1 Was Sie schreiben: Text-Tipps

Wir haben es ja in den vorangegangenen Kapiteln bereits mehrfach geschrieben:

Organisation des Textes

Die wichtigste Grundregel beim Schreiben einer wissenschaftlichen Arbeit ist, den gesamten Text um das Problem herum zu organisieren.

Damit Ihre Leserinnen und Leser wissen, welches Problem das genau ist, das Sie in Ihrer Bachelorarbeit mit wissenschaftlichen Mitteln untersucht haben, ist es sinnvoll, dass Sie dieses schon früh – also in der Einleitung – klar benennen. Prüfen Sie bei jeder Theorie und jeder Beschreibung einer Studie, ob sie wirklich zu Ihrem Thema passen oder aber nur eine interessante Seiteninformation ist. Prüfen Sie auch, ob die Materialien, die Sie verwendet haben, oder die statistischen Tests, die Sie berechnet haben, zu Ihren Forschungsfragen passen. Das ist leider nicht so leicht, wie es sich hier liest. Sie haben sicherlich viel recherchiert und gelesen und möchten das auch in Ihrem Theorieteil zeigen. Aber nicht jede Quelle liefert Informationen, die für Ihre Bachelorarbeit zentral sind. Viele werden Ihnen einfach nur interessante Zusatzinformationen liefern, die Ihre Leserinnen und Leser jedoch zu weit vom eigentlichen Thema wegführen. Auch bei der statistischen Auswertung ist es normal, dass man eine Vielzahl an Tests rechnet, die später im Text nicht beschrieben werden. Vielleicht wollten Sie eine alternative Auswertung ausprobieren, vielleicht wollten Sie auch ein paar zusätzliche Kontrollvariablen testen. Für die klare Linie Ihres Textes würde es zu weit führen, jede Berechnung aufzuführen. Manchmal ist es besser, etwas auszulassen, um den roten Faden nicht zu verlieren. Deshalb lautet der erste Tipp für das Schreiben guter (nicht nur) wissenschaftlicher Texte:

Text-Tipp 1: Beschreiben Sie klar das Problem und organisieren Sie Ihre Bachelorarbeit um das Problem herum.

Werbung für den Text

Wenn Sie den ersten Text-Tipp berücksichtigt haben, sind Sie schon auf einem sehr guten Weg zu einer gut lesbaren Arbeit. Wie Sie sich aber wahrscheinlich vorstellen können (und wie Sie wohl auch selbst beim Recherchieren und Lesen von Forschungstexten bemerkt haben), reicht ein klar herausgearbeiteter roter Faden noch nicht aus, um das Lesen eines wissenschaftlichen Textes zur spannenden und interessanten Lektüre zu machen. Ist das Problem klar beschrieben (siehe Text-Tipp 1), haben Sie meist schon die Leserinnen und Leser auf Ihrer Seite, die ein ähnliches Forschungsinteresse haben. Es ist trotzdem eine gute Idee, dass Sie schon frühzeitig aufzeigen, dass Sie z. B. eine Forschungslücke mit Ihrer Arbeit füllen oder spannende Erkenntnisse für die Forschung liefern können. Damit Sie auch weitere Leserinnen und Leser gewinnen können, die Ihr Werk interessant finden, sollten Sie die Relevanz Ihrer Forschungsarbeit klar herausstellen. Dies geht z. B. in der Einleitung, in der Sie die Praxisrelevanz oder den Zeitbezug Ihres Forschungsthemas aufzeigen. Fragen Sie sich einfach selbst, weshalb Ihre Forschungsarbeit spannend ist, welche Gründe fallen Ihnen ein, weshalb man Ihre Bachelorarbeit unbedingt lesen sollte? Ein bisschen Eigenwerbung für die spannenden Aspekte und die Relevanz des Themas motiviert Ihre Leserinnen und Leser, die Arbeit aufmerksam zu studieren. Der zweite Text-Tipp lautet deshalb:

Text-Tipp 2: Stellen Sie klar, warum Ihre Arbeit wichtig ist und erzählen Sie Ihren Leserinnen und Lesern deutlich, warum sie interessiert sein sollten.

Aber Achtung! Genausowenig, wie Sie es wahrscheinlich gutheißen, dass ein Milchproduktehersteller seinen vollkommen überzuckerten Kinderjoghurt als besonders gesundheitsförderliche Zwischenmahlzeit anpreist, werden Ihre Leserinnen und Leser begeistert sein, wenn Sie Ihre Versprechen zu einer hochrelevanten und weltverändernden Arbeit dann nicht halten. Bleiben Sie also trotz aller Werbebemühungen realistisch. Leider werden Sie wahrscheinlich in Ihrer Bachelorarbeit keine Formel gefunden haben, die den Weltfrieden einläutet oder den Hunger in der Welt beendet. Aber vielleicht haben Sie ja dazu geforscht, auf welche Weise Missverständnisse in der Kommunikation entstehen, und Ihre Ergebnisse können Grundlage dafür sein, solche Missverständnisse, die zu Streit führen, in Zukunft zu vermeiden? Auch das ist spannend und sowohl wissenschaftlich als auch für die Praxis relevant. Falls Sie nun aber das Entstehen von Missverständnissen nur für die schriftliche Kommunikation per E-Mail untersucht haben, sollten Sie auch das deutlich machen und keine Aussagen treffen, die sich auf das direkte Gespräch beziehen. Auch hier würden Sie die Erwartungen Ihrer Leserinnen und Leser nicht erfüllen können.

Text-Tipp 3: Stellen Sie sicher, dass Ihre Bachelorarbeit ihre Versprechen auch hält.

Die ersten drei Text-Tipps bezogen sich auf die gesamte Arbeit. Ein paar Text-Tipps zu den einzelnen Kapiteln möchten wir Ihnen außerdem noch mitgeben. Die stecken zwar schon in den vorangegangenen Kapiteln mit drin, in kompakterer Form hier dienen Sie Ihnen aber noch einmal als Erinnerung.

Nach der Einleitung stellt der Theorieteil den ersten größeren, inhaltlichen Block dar. Erfahrungsgemäß fällt hier die Auswahl derjenigen Inhalte, die mit aufgenommen oder auch weggelassen werden sollen, schwerer als in den anderen Abschnitten der Bachelorarbeit. Bis zur Abgabe Ihrer Arbeit haben Sie vieles gelesen und gelernt und möchten das natürlich auch zeigen. Dennoch ist gerade im Theorieteil eine gute Auswahl der präsentierten Inhalte sehr wichtig. Lesen Sie vor der Abgabe Ihren Theorieteil noch einmal gründlich durch und achten Sie bei allen vorgestellten

Einleitung und Theorie

Theorien und Inhalten darauf, ob sie wirklich mit Ihrem Thema, Ihren Fragestellungen, Ihrer Methode und Ihren Auswertungen und Interpretationen zusammenhängen. Beim Lesen der weiteren Kapitel der Arbeit achten Sie darauf, ob Sie zu allen Stichworten in den Forschungsfragen auch theoretisches Wissen präsentiert haben, ob Ihre Hypothesen sich aus der Theorie ableiten und daraus erklärt werden können, ob die gewählte Methode und Auswertung sich aus den präsentierten Studien erklären, und ob Ihre Diskussion der Ergebnisse auf die im Theorieteil eingeführten Inhalte abgestimmt ist. Sie dürfen (oder besser: sollen) diese Zusammenhänge übrigens auch explizit erläutern! Verlassen Sie sich nicht darauf, dass Ihre Leserinnen und Leser schon wissen werden, weshalb die eine oder andere Studie oder Theorie für Ihre Arbeit relevant ist. Kurz zusammengefasst lautet Text-Tipp 4:

Text-Tipp 4: Gestalten Sie den Theorieteil fokussiert, themenangepasst vollständig und ausgewogen.

keine Plagiate! Ganz wichtig, nicht nur für den Theorieteil, auch wenn die Problematik dort am ehesten auftreten wird: Geben Sie Ihre Quellen an. Sie erinnern sich sicherlich, dass mehrere Personen aus dem öffentlichen Leben in den letzten Monaten und Jahren über falsche und fehlende Quellenangaben – also Plagiate! – gestolpert sind. Teilweise hatten diese Verfehlungen nicht nur die Aberkennung akademischer Leistungen zur Folge, sondern auch strafrechtliche Konsequenzen. Das Abschreiben von anderen, ohne die Quelle deutlich zu kennzeichnen, ist kein Kavaliersdelikt. Auch aus Versehen darf eine fehlende, falsche oder unzureichende Quellenangabe nicht vorkommen. Es gehört zur wissenschaftlichen Sorgfaltspflicht, dass Ihre Zitationen gewissenhaft und korrekt sind. Am einfachsten machen Sie es sich, wenn Sie während des Schreibprozesses Ihr Literaturverzeichnis pflegen. Achten Sie auch bei der Endkorrektur noch einmal darauf, dass alles stimmt und Sie keine Aussagen treffen, die Sie von anderen Autorinnen und Autoren übernommen haben.

Text-Tipp 5: Machen Sie deutlich, in welcher Weise Ihre Arbeit auf der Arbeit anderer basiert.

Ergebnisse und Diskussion Kontrollieren Sie am Ende auch noch einmal Ihre Datenanalysen und Interpretationen. Sind sie stimmig? Es passiert leider relativ schnell, dass man beim Schreiben der Diskussion auch Ergebnisse interpretiert, die so nicht berichtet wurden. Vielleicht erinnern Sie sich beim Schreiben noch an eine zusätzliche Datenanalyse, die ihren Weg doch nicht in den Ergebnisteil gefunden hat, oder Sie haben die Richtung einer Korrelation oder eines Mittelwertunterschieds falsch im Gedächtnis. Am einfachsten machen Sie es sich, wenn Sie sich eine kleine Übersicht über die Ergebnisse anfertigen und diese beim Schreiben und auch Korrekturlesen der Diskussion bereitlegen. Dann können Sie Ihre Interpretationen ganz schnell mit den Ergebnissen abgleichen. Dabei sollten Sie auch noch einmal beachten, dass Sie nur solche Ableitungen treffen, die sich auch tatsächlich aus den Datenanalysen ergeben. Eine Korrelation ist kein Kausalzusammenhang – wir dürfen Sie hier noch einmal an die Beispiele vom Eisessen und Ertrinken oder von den Störchen und Geburten erinnern. Das führt uns zum sechsten Text-Tipp:

Text-Tipp 6: Die Interpretation der Ergebnisse muss sich aus den Datenanalysen ableiten.

Bei aller Vorsicht müssen Sie aber dennoch Ihre Ergebnisse erläutern. Das beginnt schon im Ergebnisteil, in dem Sie nicht nur Zahlen und Tests sondern auch eine kurze Interpretation der Ergebnisse liefern sollten (siehe Kapitel 5). Zu diesem Abschnitt gibt es zusätzliches Online-Material. Mit ein bisschen Zeit und Nachdenken werden Ihre Leserinnen und Leser wahrscheinlich auch selbst in der Lage sein, die von Ihnen präsentierten Daten und Tests zu interpretieren, aber ob sie sich die Zeit auch nehmen? Im Ergebnisteil erläutern Sie aber wirklich nur grundlegend die Ergebnisse. Eine tiefer gehende Interpretation, das Präsentieren von Ideen dazu, welche Auswirkungen die Ergebnisse auf Forschung und Praxis haben und wie Sie mit Ergebnissen anderer Forscherinnen und Forscher zusammenhängen, bleibt dem Diskussionsteil vorbehalten. Anders als im Ergebnisteil können Sie im Diskussionsteil mit der Interpretation mehr oder weniger deutlich über das hinausgehen, was tatsächlich aus den Daten abgeleitet werden kann. Solche Spekulationen sollten Sie aber klar kennzeichnen, damit Ihre Leserinnen und Leser nicht annehmen, dass Sie die Schlussfolgerung tatsächlich aus Ihrer Forschung ableiten.

Interpretation der Ergebnisse

Text-Tipp 7: Erklären Sie, was die Ergebnisse bedeuten, und entwerfen Sie Perspektiven für praktische Anwendungen und weitere Forschung.

Grenzen der Arbeit

Eine Forschungsarbeit kann, wie wir mittlerweile wissen, nicht alles erklären und auf alle denkbaren Fälle verallgemeinert werden. Jede Studie und damit auch jede Bachelorarbeit hat ihre Stärken und eben auch Schwächen. Es ist wichtig, dass Sie in Ihrer Bachelorarbeit zeigen, dass Ihnen auch die Schwächen Ihrer Arbeit bewusst sind. Die Schwächen zu verheimlichen, ist in der Regel keine gute Idee: Ihre Betreuerin bzw. Ihr Betreuer wird diese ohnehin erkennen. Das bedeutet jedoch nicht, dass Sie jede einzelne Schwäche akribisch aufzählen und sich dafür entschuldigen müssen! Sie möchten ja bei Ihren Leserinnen und Lesern und vor allem bei Ihrer Betreuerin bzw. Ihrem Betreuer nicht den Eindruck hinterlassen, Sie hätten mangelhafte Arbeit geleistet. Es geht mehr darum, die Grenzen der Arbeit aufzuzeigen. Dabei ist es durchaus erlaubt, auch Schwächen und Grenzen der Arbeit positiv bzw. optimistisch zu formulieren und z. B. Vorschläge für weitere Studien zu Ihrem Forschungsthema vorzuschlagen. Auch ist es nicht nötig, dass Sie auf typische Probleme von Forschungsarbeiten eingehen. Natürlich wäre es so gut wie immer wünschenswert, eine größere Stichprobe untersucht zu haben (oft zu teuer, nicht zugänglich, zu zeitintensiv) oder aber unter realistischeren Bedingungen getestet zu haben (schlecht kontrollierbar, siehe Konflikt zwischen interner und externer Validität in Kapitel 4). Bei diesen Kritikpunkten, die auf fast alle Studien zutreffen, ist es wichtiger, die Studie so zu planen, dass Sie im Rahmen Ihrer Möglichkeiten versuchen, das Design bestmöglich zu realisieren. Als Schwäche oder Eingrenzung müssen dann nur die Punkte diskutiert werden, die tatsächlich speziell für Ihre Studie relevant sind. Um noch einmal auf die Beispiele aus diesem Buch zurückzukommen, sehen Sie im Folgenden, welche Grenzen Waltraud und Valerie und auch Tobias für ihre Bachelorarbeiten diskutiert haben:

Waltraud und Valerie

Waltraud und Valerie haben in ihrer Arbeit zum Lernen mit Podcasts eine ausschließlich studentische Stichprobe untersucht. Das schränkt die Generalisierbarkeit der Ergebnisse insofern ein, dass nicht automatisch angenommen werden kann, dass gleiche oder ähnliche Ergebnisse auch in einer Stichprobe von Schülerinnen und Schülern, Menschen höheren Alters oder auch Gleichaltrigen, die nicht studieren, zu erwarten wären. Das müsste in weiteren Studien entsprechend überprüft werden. Im Diskussionsteil der Bachelorarbeit vermerkten Waltraud und Valerie deshalb auch korrekt, dass die Ergebnisse nur eingeschränkt generalisiert werden können auf andere Personengruppen und auch auf andere Lerninhalte. Um die Ergebnisse nicht kleinzureden, wiederholten Sie auch gleich noch einmal das Fazit ihrer Studie: Für die Gruppe der Studierenden sind die Ergebnisse vielversprechend. Jedoch müssen weitere Studien klären, ob sie auch auf andere Gruppen verallgemeinert werden können.

Tobias Selbstkritik bezog sich vor allem auf zwei Grenzen seiner Arbeit: Er hatte ein quasiexperimentelles Design gewählt und jeweils nur eine Schulklasse je Bedingung gewählt. Dadurch können die Unterschiede in der Motivation der Schülerinnen und Schüler nur bedingt kausal interpretiert werden. Möglich ist auch, dass diese schon vor der Studie bestanden oder auch, dass das Interesse an Experimenten oder Chemie allgemein in den Klassen unterschiedlich war. In dem Fall hätte sich ein systematischer Fehler in seine Ergebnisse eingeschlichen. Die zweite Einschränkung bezog sich auf die Durchführung der Studie. Tobias unterrichtete selbst die beiden Klassen in seiner Stichprobe. Dadurch wurde der Unterricht in beiden Klassen zu etwas Besonderem. Ob die Effekte auch beim Unterricht durch den Fachlehrer erzielt worden wären, konnte Tobias Studie nicht klären. Tobias schlug deshalb vor, für weitere Studien Lehrerinnen und Lehrer zu schulen, die den Unterricht selbst durchführten. In die Stichproben zukünftiger Studien sollten dann bevorzugt mehrere Klassen je Bedingung einbezogen werden und, um Versuchsleitereffekte zu reduzieren, auch mehrere Lehrerinnen und Lehrer unterrichten. Damit der Neuigkeitseffekt entfällt, schlägt Tobias außerdem vor, die jeweilige Unterrichtsart – traditionell oder mit Experimenten – über mehrere Unterrichtsstunden oder -einheiten auszudehnen.

Tobias

Text-Tipp 8: Bestimmen Sie die Grenzen Ihrer Arbeit.

end with a bang!

Unser letzter Tipp zum Schreiben guter wissenschaftlicher Texte bezieht sich auf Ihre Schlussworte. Hier möchten wir uns Bem (2003, S. 11) anschließen: „in any case, end with a bang, not a whimper." Beenden Sie Ihre Bachelorarbeit bitte nicht mit Hinweisen zu weiterer Forschung, die noch nötig ist, oder mit den Grenzen Ihrer eigenen Arbeit (klar, das muss rein, aber doch nicht als Schlusswort!). Überlegen Sie, was Ihre Leserinnen und Leser nach der Lektüre Ihrer Bachelorarbeit im Gedächtnis behalten sollen, und formulieren Sie in Ihren letzten Worten die *Take-Home-Message* Ihrer Arbeit.

Text-Tipp 9: Beenden Sie die Arbeit mit einer starken und deutlichen Take-Home-Message.

8.1.2 Wie Sie schreiben: Stil-Tipps

Die ersten neun Tipps in diesem Kapitel drehten sich um inhaltliche Aspekte. Die folgenden Tipps sind stilistischer Natur. Prinzipiell haben sie auch für andere Arten von Texten Gültigkeit (falls Sie also mal einen Roman schreiben möchten … :-)).

Stil-Tipp 1: Schreiben Sie lesbare, klare und prägnante Sätze.

Lesbare Sätze Ein Text wird nicht wissenschaftlicher und liest sich auch nicht schlauer, wenn die Sätze lang, verschachtelt und aus vielen Wendungen zusammengebaut sind – nein, im Gegenteil: Das macht ihn sogar noch schwieriger zu lesen, Ihre Leserinnen und Leser werden sich quälen und Ihnen, sofern sie mit dem Thema nicht besonders vertraut sind oder eventuell auch nicht ganz besonders schlau, gegebenenfalls gar nicht mehr folgen können; sie werden beginnen, sich zu langweilen, ihre Haare zu raufen und sich unwohl zu fühlen, sie werden überhaupt nicht mehr weiterlesen wollen, außer natürlich, sie sind dazu gezwungen, weil sie eine wichtige Information aus Ihrer Arbeit brauchen, oder weil sie Ihre Bachelorarbeit bewerten müssen, denn ohne die Arbeit gelesen zu haben, ist es ja schließlich kaum möglich, sie anständig zu bewerten, denn wo kämen wir denn hin, wenn die Noten ohne Lesen und sorgfältiges Prüfen und Abwägen vergeben würden? Nach diesem ersten Satz zu Stil-Tipp 1, der sich über so viele Zeilen hinzog, wissen Sie wahrscheinlich, was gemeint ist. Auch wenn es natürlich vor allem auf den Inhalt Ihrer Arbeit ankommt, hilft doch auch eine hübsche Verpackung in Form eines guten und lesbaren Schreibstils. Wie sieht ein solcher guter Schreibstil aus? Diese Tricks helfen Ihnen, Ihren Text lesbarer, klarer und prägnanter zu formulieren:

- Vermeiden Sie Schachtelsätze: So wie oben sollte kein Text klingen. Wenn Sie in Ihrer Arbeit lange (oder sehr lange) Sätze finden, prüfen Sie, ob es möglich ist, Kommas durch Punkte zu ersetzen. Den einen oder anderen Einschub können Sie streichen oder als eigenständigen Satz schreiben. Wird ein Einschub zu lang, werden sich Ihre Leserinnen und Leser nicht mehr erinnern können, wie der Satz eigentlich anfing. Das lenkt vom Lesen des eigentlichen Inhalts ab. Aber: Dieser Tipp bedeutet nicht, dass Sie nur sehr kurze, stakkatoartige Sätze schreiben sollen. Auch das liest sich eher langweilig. Machen Sie sich also nicht verrückt, wenn Ihnen nicht bei jedem Satz eine gute Möglichkeit einfällt, diesen zu kürzen und zu entzerren. Eine gute Mischung aus langen und kurzen Sätzen liest sich interessant.
- Verben statt Substantive: Die Nutzung substantivierter Verben, in der Annahme, die Wissenschaftlichkeit zu erhöhen, hat große Verbreitung. Oder besser: Viele Autorinnen und Autoren nutzen substantivierte Verben, weil sie annehmen, dass die

Texte dadurch wissenschaftlicher klingen. Sie werden dadurch aber lediglich schwieriger zu lesen. Wenn Sie also ein substantiviertes Verb in Ihrem Text finden, überlegen Sie, den Satz so umzuformulieren, dass aus dem Substantiv ein besser verständliches Verb wird.

- Aktiv statt Passiv: Natürlich dürfen Sie auch im Passiv schreiben. Gerade wenn nicht Personen, sondern die Sache im Vordergrund steht, ist das Passiv angebracht. Insgesamt liest sich ein aktiver Schreibstil aber angenehmer. Prüfen Sie also, ob jeder Gebrauch des Passivs wirklich nötig ist. Schreiben Sie z. B. statt: „Den Teilnehmerinnen und Teilnehmern wurde zunächst der Versuchsablauf erklärt" besser: „Der Versuchsleiter erklärte den Teilnehmerinnen und Teilnehmern zunächst den Versuchsablauf".
- Nicht so viele Fremdwörter: Natürlich sollen Sie die wichtigen Fachbegriffe Ihres Forschungsthemas auch benutzen! Es scheint jedoch unter wissenschaftlichen Autorinnen und Autoren ein Interesse an der generellen Rezession der Applikation relativ primitiver Methoden komplementär zur Favorisierung adäquater komplexer Algorithmen zu existieren. Oder einfacher ausgedrückt: Viele Autorinnen und Autoren denken sich beim Schreiben von wissenschaftlichen Texten offensichtlich: „Warum einfach, wenn es auch kompliziert geht?" Lesbarer macht das die Texte jedoch nicht.
- Überflüssige Wörter streichen: Auch wenn der Text dann länger wird, ist es stilistisch besser, wenn Sie überflüssige Wörter aus Ihrem Text streichen. Das betrifft z. B. Füllwörter wie denn, doch, überaus, echt, geradezu, gewiss ... Selbst wenn man diese Wörter aus einem Satz herausstreicht, bleibt die inhaltliche Bedeutung meist erhalten. Überflüssig sind aber auch sogenannte Pleonasmen, die ein und denselben Inhalt auf mehrere Arten ausdrücken, wie z. B. tote Leiche, kleiner Zwerg, ebenso auch oder nochmal überprüfen. Zu den Pleonasmen, die man besser weglässt, gehören auch Ausdrücke wie vollstens, optimalste oder einzigste – voller als voll, optimaler als optimal oder einziger als einzig geht nun mal nicht.

Bei all diesen Tipps gilt aber, dass Sie sich beim Schreiben nicht durch Stilfragen aufhalten lassen sollten. Schreiben Sie besser zunächst Ihren Text runter und kümmern Sie sich erst in einem zweiten Schritt um die stilistische Überarbeitung. Und sehen Sie

erst Inhalt, dann Stil

die Stiltipps nicht zu verbissen: Ein Schachtelsatz oder eine Passivkonstruktion stören Ihre Leserinnen und Leser weniger, als wenn Sie Ihre Bachelorarbeit vor lauter Stilüberlegungen nicht rechtzeitig abgeben.

Stil-Tipp 2: Gliedern Sie den Text logisch und heben Sie die Gliederung hervor.

klare Gliederung

Sicherlich haben Sie beim Schreiben eine Gliederung im Kopf, oder – besser noch – Sie haben die Gliederung sogar explizit ausgearbeitet und schriftlich festgehalten. Sie können nur leider nicht davon ausgehen, dass Ihre Leserinnen und Leser die Logik hinter Ihrer Gliederung verstehen. Deshalb müssen Sie in Ihrem Text auch Bezüge herstellen und Überleitungen nachvollziehbar gestalten. Hier sind Füllwörter, oder besser Füllsätze, erlaubt. Fragen Sie sich beim Erstellen der Gliederung und beim Schreiben, weshalb die einzelnen Unterkapitel, Abschnitte, Theorie etc. aufeinander folgen. Die Begründungen fügen Sie an geeigneten Stellen in Ihren Text ein.

Stil-Tipp 3: Informieren Sie die Leserinnen und Leser knapp darüber, was sie erwartet, und fassen Sie am Schluss zusammen.

Eine Möglichkeit, wie Sie Ihren Leserinnen und Lesern helfen können, der Logik Ihrer Gliederung zu folgen, besteht in Stil-Tipp 3. Dieser Stil-Tipp gilt auf mehreren Ebenen Ihrer Arbeit. Wenn Sie Ihre gesamte Arbeit betrachten, bereiten Sie Ihre Leserinnen und Leser mit der Einleitung bereits auf die Gesamtlektüre vor. Dann beschreiben Sie Ihre Forschungsarbeit und abschließend, am Ende der Diskussion, formulieren Sie eine *Take-Home-Message*. Auch für Unterkapitel gilt dieser Tipp: Beschreiben Sie zu Beginn eines Unterkapitels, um was es gehen wird, dann schreiben Sie die eigentliche Information und am Ende helfen Sie Ihren Leserinnen und Lesern mit einer kurzen Zusammenfassung der wichtigsten Punkte, dass Sie die zentralen Informationen im Kopf behalten können.

Stil-Tipp 4: Erklären Sie Abkürzungen und Fachbegriffe.

Leser-Orientierung

Beim Schreiben ist manchmal hinderlich, wenn man als Leserschaft vor allem die Betreuerin oder den Betreuer im Kopf hat. Da sie oder er sich Ihres Themas angenommen hat, wird sie oder er sich wahrscheinlich gut mit den Inhalten und Theorien auskennen. Außerdem hat sie oder er mit Ihnen das Thema gründlich besprochen, sie oder er hat also viel Hintergrundwissen. Mit dem Bild einer Expertenleserin/eines Expertenlesers vor Augen, erscheint Ihnen das Herausarbeiten des roten Fadens oder das Erläutern von Fachbegriffen beim Schreiben wahrscheinlich überflüssig. Ihre Bachelorarbeit sollte jedoch so geschrieben sein, dass auch Menschen, die kein detailliertes Hintergrundwissen haben, sie lesen und verstehen können. Fachbegriffe sollten Sie deshalb bei der ersten Erwähnung erklären. Ebenfalls ist es wichtig, dass Sie Abkürzungen einführen. Das umfasst natürlich nicht solche Abkürzungen wie z.B., usw. oder statistische Kürzel wie M und SD (die sollte jede Psychologin und jeder Psychologe kennen!). Wenn Sie aber selbst eine Abkürzung einführen, sogar wenn sie in Ihrem Forschungsthema weit verbreitet ist, müssen Sie sie erläutern. Oder Sie überlegen, die Abkürzung wegzulassen. Dann müssen sich Ihre Leserinnen und Leser auch nicht mehr daran erinnern, dass z.B. CLT für *Cognitive Load Theory* steht oder AG für Arbeitsgedächtnis.

Stil-Tipp 5: Schreiben Sie eine interessante Geschichte.

Ja, wahrscheinlich wird sich niemand darauf freuen, mit Ihrer Bachelorarbeit einen vergnüglichen Nachmittag auf dem Liegestuhl im Garten zu verbringen. Aber auch wenn Ihre Bachelorarbeit von der Spannung her nicht mit einem Thriller von Sebastian Fitzek (z.B. 2006, 2008) mithalten kann, so dürfen Sie sich dennoch bemühen, eine interessante Geschichte zu schreiben. Jede Forschungsarbeit erzählt eine Geschichte. Und eine Geschichte folgt einem logischen Aufbau, führt zu den spannenden Ereignissen hin und verliert sich nicht in Nebenschauplätzen. Überlegen Sie sich, welche Geschichte Sie erzählen möchten. Achten Sie darauf, dass Sie nur die Sachverhalte beschreiben und erläutern, die zu Ihrer Geschichte passen.

Geschichten erzählen

Stil-Tipp 6: Schreiben Sie keine Autobiografie und keine Erlebniserzählung.

Die Geschichte, die Sie am Ende schreiben, ist oftmals nicht die Geschichte, die Sie zu Beginn Ihrer Arbeit geplant hatten. Auf welchem Weg Sie zu Ihrer Idee für die Arbeit kamen, welche Schwierigkeiten bei der Realisierung zu überwinden waren, und welche Ideen Sie außer denen, die dann umgesetzt wurden, noch hatten, interessiert Ihre Leserinnen und Leser nicht. Diese Begebenheiten sind vor allem für Sie selbst interessant und wichtig, sie lenken jedoch von der eigentlichen Geschichte ab.

8.1.3 Was Sie mit dem, was Sie geschrieben haben, machen: Überarbeitungs-Tipps

Dass Ihre Bachelorarbeit bereits in der ersten Fassung gelungen ist, ist eher unwahrscheinlich. Planen Sie daher vor der Abgabe unbedingt genügend Zeit ein, um selbst und mit der Hilfe von Freundinnen und Freunden und der Betreuerin bzw. dem Betreuer die Arbeit noch einmal zu prüfen. Fragen Sie nach, ob Sie eine Leseprobe abgeben dürfen. Auch für das Überarbeiten der Bachelorarbeit möchten wir Ihnen ein paar Tipps mit auf den Weg geben.

Überarbeitungs-Tipp 1: Überprüfen Sie Ihre Arbeit kritisch.

Korrektur lesen Rechtschreibfehler? Grammatik? Sind alle Literaturangaben aus dem Text auch im Verzeichnis? Haben Sie die Formatierungsvorschriften eingehalten? Ist der Aufbau logisch? Sind alle Abkürzungen und Erläuterungen verständlich? Ein kritischer Blick auf die eigene Arbeit hilft in der Regel, viele kleinere und größere Fehler und Unklarheiten zu beseitigen. Die Checklisten in den Online-Materialien können Ihnen bei der Endkontrolle sowie auch bei der Kontrolle der Zwischenschritte sicherlich helfen.

Zu diesem Abschnitt gibt es zusätzliches Online-Material.

Überarbeitungs-Tipp 2: Lesen Sie die Bachelorarbeit aus der Perspektive Ihrer Betreuerin.

Perspektivwechsel Beim Korrekturlesen ist es auch eine gute Idee, wenn Sie versuchen, die Arbeit aus der Perspektive Ihrer Betreuerin bzw. Ihres Betreuers zu lesen. Darauf achten einer informellen Umfrage unter Kolleginnen und Kollegen zufolge Betreuerinnen bei der Bewertung von Bachelorarbeiten besonders:

- Sie stellen in der Einleitung die Bedeutung des Themas dar, z.B. durch Einbettung in einen größeren theoretischen Zusammenhang oder Bezug zur Praxis.

- Sie stellen wichtige Theorien und Modelle, auf die die Arbeit sich stützt, gut verständlich, nachvollziehbar und übersichtlich dar. Die Quellen für die zitierte Literatur sind vollständig angegeben (keine Plagiate!)
- Sie beschreiben präzise Ihre Fragestellungen und legen klar dar, was genau der Untersuchungsgegenstand der Arbeit ist.
- Für eine empirische Arbeit: Sie stellen die verwendeten Methoden sowie die Stichprobe nachvollziehbar dar, die Methoden sind so gewählt, dass sie gut geeignet sind, um objektiv, reliabel und valide Daten zu sammeln, die zur Beantwortung der Fragestellungen relevant sind.
- Für Reviews: Sie stellen nachvollziehbar dar, wie Sie wichtige Literatur zur Beantwortung Ihrer Fragestellungen auswählen und eingrenzen.
- Sie werten die Daten gewissenhaft aus, stellen die Ergebnisse in einer strukturierten Weise dar und verwenden sinnvoll Tabellen und Abbildungen, um die Ergebnisse zu verdeutlichen.
- Sie diskutieren die Ergebnisse unter Einbezug der wichtigen Theorien und der Ergebnisse. Sie zeigen theoretische und praktische Implikationen der Arbeit auf.
- Ihr Literaturverzeichnis ist vollständig und entspricht in der Formatierung den psychologischen Standards.
- Die gesamte Arbeit ist leserfreundlich (also: verständlich formuliert, logisch aufgebaut) und den Regeln der Schriftsprache entsprechend geschrieben.
- Aufbau und äußere Form entsprechen den Vorgaben (der Betreuerin und/oder der Prüfungsordnung).

Eine Mindest- oder Höchstlänge der Arbeit spielt übrigens bei kaum einer Betreuerin bzw. einem Betreuer eine Rolle! Wichtiger sind allen qualitative Aspekte. Außerdem ist die Länge auch vom Thema, dem gewählten Versuchsplan und der Komplexität der Auswertungen und Ergebnisse sowie nicht zuletzt von der Formatierung abhängig, so dass es schwierig ist, zur idealen Länge eine verbindliche Aussage zu treffen. Gibt es allerdings Vorgaben zur Mindest- oder Höchstlänge Ihrer Bachelorarbeit in der Prüfungsordnung, oder haben Ihre Betreuer bzw. Betreuerinnen Ihnen eine Seiten-/Wörter-/Buchstabenzahl genannt, sollten Sie sich dringend daran halten.

Überarbeitungs-Tipp 3: Bitten Sie andere, Ihre Arbeit Korrektur zu lesen.

Aufgaben verteilen Nachdem Sie selbst Ihre Arbeit gründlich korrigiert haben, sollten Sie auch Freundinnen und Freunde, Kommilitoninnen und Kommilitonen, Eltern, Geschwister und andere hilfreiche Personen aus Ihrem Umfeld bitten, Ihre Bachelorarbeit durchzuschauen. Dabei ist es eine gute Idee, wenn Sie Aufgaben verteilen und so die Kompetenzen Ihrer Mitmenschen optimal zur Überarbeitung Ihrer Arbeit nutzen. Vielleicht ist Ihre Mutter ja Deutschlehrerin (oder einfach nur gut in Rechtschreibung, Grammatik und Satzbau)? Prima! Bitten Sie sie, die Arbeit zu lesen und dabei alle Rechtschreib-, Grammatik- und Kommafehler sowie ungewöhnlich formulierte Sätze anzustreichen. Ihr Mitbewohner geht Ihnen mit seiner Ordnungsliebe und dem Beharren auf das Einhalten des Putzplans öfters auf den Geist? Dann hat er bestimmt einen Blick für Details und kann Ihren Text mit dem Literaturverzeichnis vergleichen und darauf achten, dass es vollständig ist. Personen, die sich gut mit Textverarbeitung auskennen, können Ihre Formatierungen überprüfen. Und Ihre Freundinnen und Freunde aus dem Studium können darauf achten, dass Sie die DGPs-Richtlinien eingehalten haben, und den Text auch inhaltlich einer kritischen Prüfung unterziehen. Gerade Ihren Kommilitoninnen und Kommilitonen können Sie im Gegenzug anbieten, auch deren Arbeiten durchzuschauen. Ansonsten freuen sich die meisten Ihrer Korrekturleser sicherlich über ein Danke, ein frühes Mitteilen der Note und vielleicht ein Blümchen oder eine andere Aufmerksamkeit. Und wenn Sie die Korrekturaufgaben auf mehrere Personen verteilen und einen klaren Auftrag aussprechen, beanspruchen Sie die Zeit Ihrer Helferinnen und Helfer auch nicht zu lange.

Weitere Hinweise zum Korrekturlesen finde Sie in den Online-Materialien.

Überarbeitungs-Tipp 4: Nutzen Sie Rückmeldungen Ihrer Betreuerin bzw. Betreuer zur Überarbeitung.

Feedback Häufig sind Betreuerinnen bereit, Ihre Arbeit vor Abgabe oder auch einzelne Abschnitte der Bachelorarbeit während der Entstehungszeit zu lesen. Sprechen Sie Ihre Betreuerin bzw. Ihren Betreuer darauf an, ob auch sie Ihnen Rückmeldung geben möchte, und in welcher Form das für sie bzw. ihn am besten ist. Ihre Bachelorarbeit oder die Teilkapitel, die Sie Ihrer Betreuerin bzw. Ihrem Betreuer zum Lesen geben, müssen noch nicht perfekt sein. In der

Regel wird erst das Endprodukt, also die endgültig abgegebene Version, bewertet. Scheuen Sie sich also nicht, Ihren Betreuern Texte vorzulegen, auch wenn Sie selbst noch nicht 100 %ig zufrieden sind. Eine gute Idee ist, wenn Sie Fragen an Ihre Betreuer formulieren. Geben Sie ihnen Hinweise, worauf sie beim Lesen besonders achten sollen. Vielleicht sind Sie ja an der einen oder anderen Stelle unsicher, ob eine Ausführung ausreichend oder auch zu weit gefasst ist oder Sie wissen nicht, ob Sie im Theorieteil Ihre Forschungsfragen ausreichend hergeleitet haben? Dann stellen Sie genau diese Frage auch Ihrer Betreuerin bzw. Ihrem Betreuer, damit sie bzw. er weiß, worauf sie bzw. er besonders achten soll, und welche Rückmeldung für Sie besonders hilfreich ist.

Überarbeitungs-Tipp 5: Nehmen Sie Rückmeldungen ernst, aber nicht persönlich.

Auch aus eigener Erfahrung wissen wir, dass der Umgang mit Rückmeldungen oft schwierig ist. Wichtig ist, dass Sie die Rückmeldungen, die Sie bekommen, ernst nehmen. Wäre Ihren Helferinnen und Helfern oder Ihrer Betreuerin bzw. Ihrem Betreuer nichts aufgefallen, hätten sie Ihnen keine Rückmeldung gegeben. Deshalb lohnt es sich, jede Rückmeldung genau anzuschauen und zu überlegen, wie Sie sie für die Überarbeitung Ihrer Bachelorarbeit nutzen können. Natürlich müssen Sie nicht jede Rückmeldung und Empfehlung umsetzen. Oft gibt es mehrere gute Lösungen, oder aus unterschiedlichen Fachdisziplinen heraus gelten unterschiedliche Regeln oder Vorlieben, die für eine psychologische Abschlussarbeit nicht unbedingt anwendbar sind. Doch gerade die Rückmeldung, dass eine Formulierung unklar ist, oder dass ein Zusammenhang nicht klar wurde, sollten Sie gut überdenken. Die Wahrscheinlichkeit ist groß, dass auch andere über dieselbe Passage stolpern. Die Arbeit, eine strittige Textpassage zu überarbeiten und besser auszuführen, lohnt sich.

Umgang mit Kritik

Wichtig ist auch, dass Sie sich klar machen, dass eine Kritik an Ihrer Arbeit keine Kritik an Ihrer Person ist. Nehmen Sie also bitte die Rückmeldungen, die Sie bekommen, nicht persönlich. Falls Sie merken, dass Sie sich beleidigt fühlen durch das Feedback zu Ihrer Bachelorarbeit (ja, auch uns passiert das), schlafen Sie eine Nacht darüber und schauen Sie sich die Kritik dann noch einmal an. Ziel der Kritik ist nicht, Sie zu beleidigen, sondern Sie zu unterstützen. Und mit ein wenig Abstand sieht man das meist auch wieder besser – und auch wie die Kritik helfen kann, die Bachelorarbeit besser zu machen.

8.2 Tipps für die Besprechungen mit Ihrer Betreuerin

wichtige Infoquellen

Die wichtigste Quelle für Fragen zu Ihrer Bachelorarbeit ist Ihre Betreuerin bzw Ihr Betreuer. Viele Informationen erhalten Sie aus der Prüfungsordnung, den Universitätswebseiten oder auch aus Richtlinien und Ratgebern wie diesem hier. Wenn Sie allerdings Fragen zur Ausgestaltung Ihres Themas und den Anforderungen haben, kann Ihnen diese nur Ihre Betreuerin bzw Ihr Betreuer beantworten. Deshalb ist es gut, wenn Sie Besprechungstermine mit ihr bzw. ihm vereinbaren und nutzen. Vor allem zu vier Zeitpunkten sind aus unserer Sicht Treffen mit der Betreuerin bzw. dem Betreuer wichtig:

Treffen mit der Betreuerin

1 Mehrere Wochen vor der Anmeldung, zur Themenfindung: Ein erstes Treffen sollte eine ausreichende Zeit vor der Anmeldung der Bachelorarbeit beim Prüfungsamt stattfinden. In diesem Gespräch sprechen Sie Themenideen ab und sichern sich die Zustimmung, dass Sie betreut werden. In diesem Gespräch können Sie auch schon erfragen, wie Ihre Betreuerin bzw. ihr Betreuer die Bachelorarbeit mit Ihnen gestaltet: Wie viele Treffen möchten sie vereinbaren, wann sollen Arbeitsergebnisse vorgelegt werden, welche Ressourcen dürfen Sie nutzen? Auch die Frage nach Empfehlungen für Einstiegsliteratur kann Sie voranbringen. Mit den Informationen aus diesem Gespräch haben Sie die Chance, sich optimal auf Ihre Bachelorarbeit vorzubereiten.

2 Direkt vor der Anmeldung, zur Zielvereinbarung: In der Regel beginnt die Bachelorarbeit mit der Anmeldung beim Prüfungsamt, die per Unterschrift von der Betreuerin bzw. dem Betreuer bestätigt oder genehmigt werden muss. Ab jetzt wird es ernst! Nachdem Sie sich in den Wochen vor der Anmeldung schon mit Ihrem Thema beschäftigt und Ihre Vorstellungen geschärft haben, empfehlen wir Ihnen, sich noch einmal zu einem Gespräch mit Ihrer Betreuerin bzw. Ihrem Betreuer zusammenzusetzen. Zur Vorbereitung können Sie (rechtzeitig vor dem Gespräch!) ein kurzes Exposé einreichen, in dem Sie Ihr Vorhaben beschreiben (Einordnung Ihres Themas in einen theoretischen und/oder praktischen Kontext, Forschungsfragen und Hypothesen, konkrete Planung der Erhebung, Zeitplan). Häufig ist dies auch eine Anforderung, die in der Prüfungsordnung festgeschrieben

ist. Im Gespräch können Sie sicherstellen, dass Sie sich in Bezug auf die Aufgabenstellung und Eingrenzung des Themas einig sind. Außerdem können Sie offene Fragen klären. Ziel des Gesprächs sollte sein, dass Sie direkt mit der Bearbeitung loslegen können.

3 Nach einem Drittel der Bearbeitungszeit, um die Gliederung zu besprechen: In den ersten Wochen Ihrer Bachelorarbeit haben Sie sich intensiv in relevante Literatur eingelesen, eine präzisere Vorstellung vom Aufbau des Theorieteils Ihrer Arbeit entwickelt und auch den Versuchsplan konkretisiert. Jetzt ist ein guter Zeitpunkt, diese Gliederung und die Umsetzung zu Ihrer Arbeit auch mit Ihrer Betreuerin bzw. Ihrem Betreuer abzusprechen. In dem Gespräch können Sie abklären, dass Sie auf dem richtigen Weg sind. Eventuell können Anpassungen besprochen werden, die sich z. B. ergeben haben, weil Sie spannende Experimente und Theorien gefunden haben, die interessant für die Einbettung Ihrer Forschungsfragen oder auch für die methodische Umsetzung sind. Nach diesem Gespräch sind Sie gerüstet für die Durchführung Ihrer Untersuchung und das Schreiben von Theorie- und Methodenteil.

4 Nach etwa zwei Dritteln der Bearbeitungszeit, um die Datenanalyse zu besprechen: Abstimmungsbedarf ergibt sich auch häufig bei der Datenanalyse. In einem Gespräch können Sie die Ergebnisse Ihrer Analysen vorstellen und erläutern, wie Sie die Ergebnisse interpretieren. Ihre Betreuerin bzw. Ihr Betreuer kann Ihnen bei Bedarf Tipps geben, welche Analysemethoden sich weiterhin anbieten. Aus diesem Gespräch nehmen Sie wertvolle Hinweise zu Ihrem Ergebnis- und Diskussionsteil mit.

Besprechungen optimal nutzen

Je nachdem, welches Betreuungsmodell Ihre Betreuerin bzw. Ihr Betreuer aus ihren Erfahrungen heraus bevorzugt, kann es sein, dass Sie zu mehr oder auch weniger Besprechungen eingeladen werden. Klären Sie die Frage, wie häufig ein Treffen und zu welchen Zeitpunkten gewünscht bzw. akzeptiert wird, schon frühzeitig und nehmen Sie das Angebot Ihrer Betreuerin bzw. Ihres Betreuers wahr. In der Regel wird sie bzw. er auch noch weitere Arbeiten betreuen, selbst Forschungsarbeiten durchführen und sich auch in der Lehre und weiteren Aufgaben engagieren. Deshalb kann sie bzw. er sich wahrscheinlich nicht an jedes Detail Ihrer Arbeit und Ihrer Vereinbarungen erinnern. Dass die Besprechungen produktiv sind, liegt deshalb vor allem auch in Ihrer Verantwortung:

Vorbereitung • Bereiten Sie sich auf die Besprechungen vor. Planen Sie, welche Themen Sie ansprechen möchten, und formulieren Sie konkrete Fragen, die Sie Ihrer Betreuerin bzw. Ihrem Betreuer stellen möchten.

Fragen • Scheuen Sie sich nicht, Fragen zu stellen. Wenn Sie eine Frage haben, zu der Sie selbst keine Antwort finden, z. B. durch das Studieren der Prüfungsordnung oder Lesen der Richtlinien zur Manuskriptgestaltung der DGPs (2019), dann stellen Sie sie. Wenn es um eine komplexe inhaltliche oder methodische Frage geht, wird Ihre Betreuerin bzw. Ihr Betreuer vielleicht nicht sofort eine Antwort wissen, es ist für Sie aber sicher hilfreich, mit einer Expertin bzw. einem Experten über Ihre Frage und Ihre Überlegungen zu diskutieren.

Emails • Schicken Sie Materialien und wichtige Fragen bereits im Vorfeld des Gesprächs per E-Mail. Sie geben Ihrer Betreuerin bzw. Ihrem Betreuer so die Chance, sich auf das Treffen mit Ihnen vorzubereiten. Ideal ist aus unserer Erfahrung, wenn Sie diese E-Mail etwa zwei bis drei Tage vorher schicken. Dann kann Ihre Betreuerin bzw. Ihr Betreuer sich rechtzeitig vorbereiten.

Ziele definieren • Sagen Sie konkret, was Ihre Ziele für das Gespräch sind. Sie helfen Ihrer Betreuerin bzw. Ihrem Betreuer, das Gespräch zu strukturieren, wenn sie oder er weiß, was für Sie wichtige Themen und Ziele sind.

Protokoll • Führen Sie Protokoll. Machen Sie sich während des Gesprächs Notizen und fassen Sie in einem kurzen Protokoll die wichtigsten Ergebnisse und Vereinbarungen zusammen. Das Protokoll schicken Sie dann auch an Ihre Betreuerin bzw. an Ihren Betreuer mit der Bitte, die Richtigkeit zu bestätigen. So sind alle Vereinbarungen schwarz auf weiß festgehalten.

8.3 Tipps zum Zeit- und Selbstmanagement

Zeitmanagement Unsere letzten Tipps beziehen sich auf das Zeitmanagement während Ihrer Bachelorarbeit. Die Zeit, bis Sie die Arbeit abgeben müssen, ist begrenzt. Und wie wir im Eingangskapitel bereits vorgerechnet haben, erwarten die Prüfungsordnungen von Ihnen einen hohen Einsatz. In der Regel sollen Sie über die Bachelorarbeitszeit hinweg bis zu 40 Stunden pro Woche nur mit dem Schreiben der Bachelorarbeit verbringen. Nebenbei Seminare und Vorlesungen zu besuchen, Hausarbeiten zu schreiben oder zu jobben, wird da schwierig. Wenn Sie wissen möchten, wie viel Zeiteinsatz Ihre Prüfungsordnung für die Bachelorarbeit pro Woche vorsieht, können Sie das wie folgt berechnen:

1 *Recherchieren Sie, wie viele ECTS-Punkte laut Prüfungsordnung für Ihre Bachelorarbeit vorgesehen sind, und wie viel Bearbeitungszeit Ihnen zur Verfügung steht.*
2 *Ein ECTS-Punkt entspricht 30 Zeitstunden. Multiplizieren Sie die Anzahl der ECTS-Punkte also mit 30, um die Gesamtstundenzahl zu errechnen.*
3 *Teilen Sie die Gesamtstundenzahl durch die Anzahl der Wochen, um die wöchentliche Bachelorarbeitszeit zu errechnen.*

Die Praxis zeigt, dass die meisten Studierenden sich während der Bachelorarbeit nicht exklusiv ihrer Arbeit widmen (können). Viele unserer Studierenden lernten zusätzlich auf Prüfungen, schrieben Hausarbeiten oder besuchten das eine oder andere Seminar. Viel Zeit für Erholung und ein richtiges Wochenende blieb ihnen damit nicht. Umso wichtiger ist bei der knappen zur Verfügung stehenden Zeit, dass diese optimal genutzt wird. Sehr gute Tipps zum Zeitmanagement beim Anfertigen wissenschaftlicher Arbeiten gibt Silvia (2018) in seinem Buch *How to write a lot*. Aus diesem Werk sowie aus unserer eigenen Erfahrung möchten wir Ihnen abschließend noch ein paar Tipps mit auf den Weg geben.

8.3.1 Die Grobplanung

Wie kann man Zeit managen?

Zeitmanagement bedeutet, sich die Zeit so einzuteilen, dass Sie sie für die Erreichung Ihrer Ziele erfolgreich nutzen.

In einem ersten Schritt ist es für Ihre Grobplanung wichtig, dass Sie sicherstellen, dass Sie die für Ihre Bachelorarbeit benötigte Zeit während des Bearbeitungszeitraums überhaupt zur Verfügung haben. Überlegen Sie, welche Zusatzverpflichtungen Sie haben (z. B. Uni-Lehrveranstaltungen, Hausarbeiten und Prüfungen, Jobs, Sport, ehrenamtliches Engagement …). Wenn diese Aufgaben zu viel Zeit in Anspruch nehmen, sollten Sie sie während des Anfertigens Ihrer Bachelorarbeit reduzieren oder ruhen lassen. Vergessen Sie nicht, dass Sie auch schlafen, essen und duschen müssen und ab und zu eine Entspannungspause brauchen, damit Ihr Kopf noch denken kann.

Zeitfresser erkennen

Grobziele planen   In einem zweiten Schritt stellen Sie einen Plan auf, in dem Sie festlegen, wann Sie welche großen Ziele Ihrer Bachelorarbeit geschafft haben möchten, und wann Sie an diesem Ziel arbeiten. Wichtig ist, dass Sie diesen Plan nicht nur im Kopf haben, sondern auch visualisieren, z. B. indem Sie ihn in einen Kalender (siehe Abbildung 8.1) einzeichnen oder eine Tabelle anfertigen (siehe Abbildung 8.2).

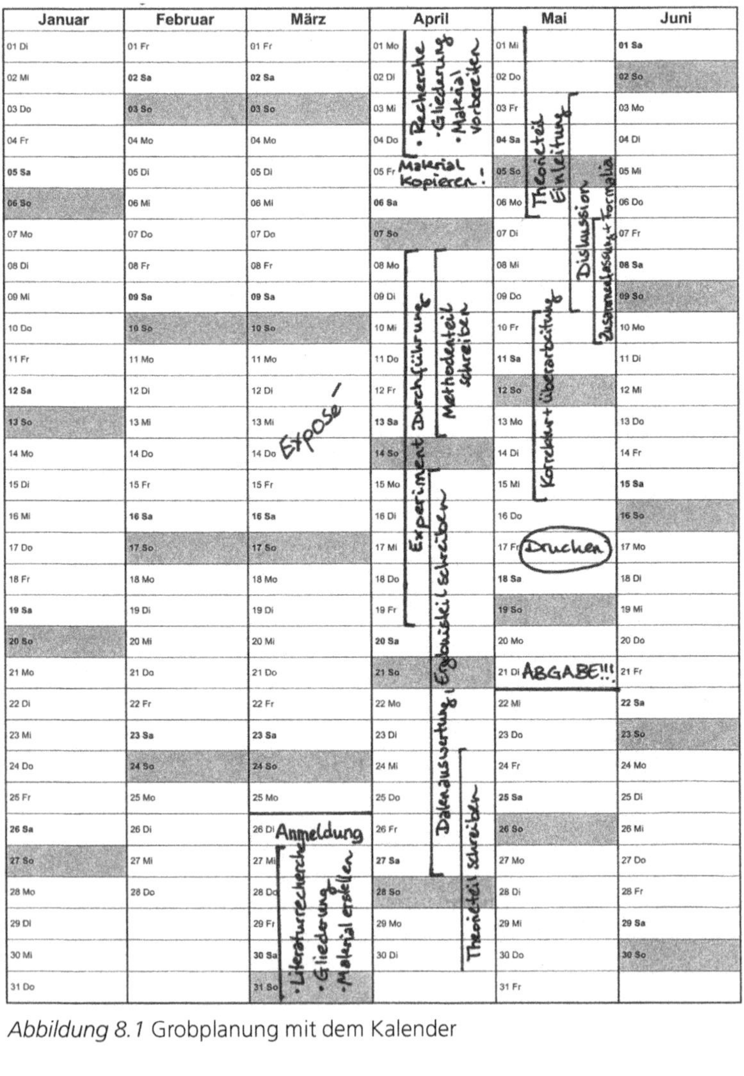

Abbildung 8.1 Grobplanung mit dem Kalender

Woche	Was ist zu tun?	Ziel erreicht?
1	Literaturrecherche, Lesen und Notizen für den Theorieteil	☐
	Gliederung für Theorieteil erstellen	☐
	Versuchsmaterialien zusammenstellen	☐
	Werbung für das Experiment machen	☐
	Termin für Woche 2 mit Betreuerin vereinbaren	☐
2	Literaturrecherche, Lesen und Notizen für den Theorieteil	☐
	Versuchsmaterialien kopieren	☐
	Beginn Durchführung	☐
3	Durchführung	☐
	Schreiben Methodenteil	☐
	Beginn Datenauswertung	☐
	Termin für Woche 4 mit Betreuerin	☐
4	Puffer für Durchführung	☐
	Datenauswertung, Schreiben Ergebnisteil	☐
	Schreiben Einleitung	☐

Abbildung 8.2 Tabellarische Grobplanung

Mit einem Blick können Sie in einem solchen Kalender- oder Tabellenplan sehen, wo Sie sich gerade befinden und an welchen großen Zielen und Aufgaben Sie gerade arbeiten sollten. Beim Erstellen des Plans müssen Sie realistisch sein. Planen Sie lieber etwas mehr Zeit ein, als Sie eigentlich zu benötigen meinen. Falls Sie doch so schnell sind, wie zuerst gedacht: Prima! Falls nicht, können Sie den Puffer gut gebrauchen. Teilweise ist es auch möglich, an mehreren großen Aufgaben parallel zu arbeiten. Während Sie Experimente durchführen, wird es immer wieder mal

realistische Planung

einen Tag oder ein paar Stunden Pause geben. Hier ist es eine gute Idee, gleich parallel zum Experimentieren den Methodenteil zu schreiben. Ein paar wenige Informationen fehlen zwar noch (z. B. die endgültige Anzahl Versuchsteilnehmer o. ä.), aber die Materialien und der Ablauf stehen ja schon fest. Sie könnten auch parallel schon anfangen, Daten auszuwerten.

Eine Aufgabe, die über die gesamte Bearbeitungszeit anfällt und nicht vernachlässigt werden sollte, ist die Arbeit am Theorieteil. Sie werden viel Literatur finden, die Sie sichten müssen. Versuchen Sie, täglich ein wenig Lesezeit zu reservieren, in der Sie sich auch Notizen machen und Ihre Ideen notieren, ob und wie Sie das Gelesene in den Theorieteil einflechten können. Bei der Einschätzung, wie realistisch Ihre Grobplanung ist, kann auch Ihre Betreuerin bzw. Ihr Betreuer helfen. Deshalb ist eine Grobplanung auch Teil des Exposés.

Mit einem Grobplan haben Sie eine gute Grundlage für das Anfertigen Ihrer Bachelorarbeit. Für die Umsetzung Ihres Grobplans ist im Schreibprozess eine Feinplanung sinnvoll, in der Sie sich konkrete Ziele setzen und festlegen, wann Sie an diesen Zielen arbeiten.

8.3.2 Von SMARTen Zielen, Schreib-Stundenplänen und typischen Hindernissen

Feinplanung Ein Grobplan ist zwar ein guter Anfang, wichtig ist jedoch, dass Sie ihn auch umsetzen. Und das klingt zunächst oft leichter als es ist. Wenn die Aufgabe lautet: „Diese Woche schreibe ich meinen Theorieteil", wirkt das aus weiter Ferne noch gut zu schaffen, vor allem, wenn Sie ausreichend Zeit dafür eingeplant haben. Wenn es aber konkret ans Schreiben geht, wirkt die Aufgabe oft gar nicht mehr so klein: Es ist schwierig, sich zu entscheiden, wo man anfangen möchte, und es gibt viele Ablenkungen. Die Zeit, die man grob eingeplant hat, ist ruckzuck vorbei, und fertig ist man doch noch nicht. Damit es Ihnen nicht so geht, empfehlen wir, dass Sie sich einen Schreib-Stundenplan anfertigen. Am einfachsten geht das, wenn Sie kleine Zeitabschnitte planen, also z. B. von Woche zu Woche. Legen Sie in Ihrem Kalender die genauen Zeiten fest, in denen Sie schreiben, recherchieren, kopieren oder Ihr Experiment durchführen (siehe Abbildung 8.3).

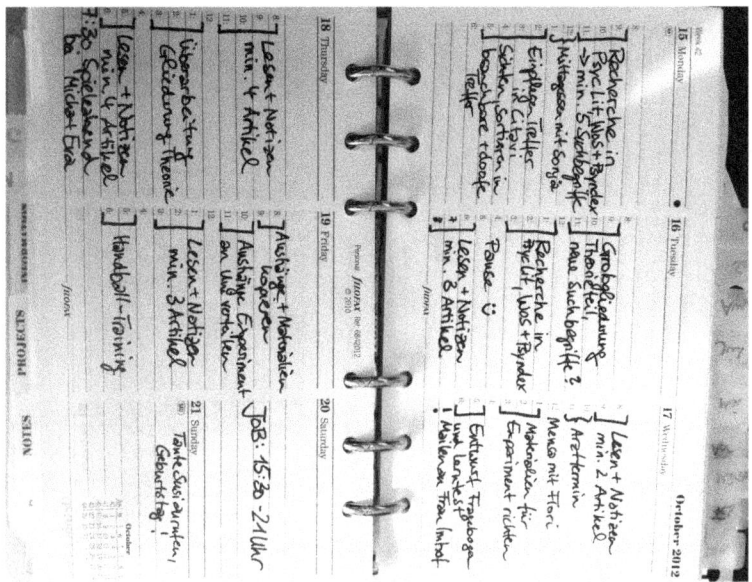

Abbildung 8.3 Ein Schreib-Stundenplan für die erste Bachelorarbeitswoche

Wichtig ist, dass Sie diesen Schreib-Stundenplan nicht nur aufstellen, sondern auch einhalten! Zu den mit sich selbst vereinbarten Zeiten sollten Sie auf jeden Fall am Computer sitzen und schreiben oder recherchieren, Literatur lesen, Materialien für Ihr Experiment kopieren oder Daten auswerten. Welche Aufgabe wann in Ihrem Schreib-Stundenplan steht, können Sie aus Ihrem Grobplan ableiten (siehe Kapitel 8.3.1). Die jeweiligen Aufgaben oder besser: die Ziele, die Sie in Ihrer Schreibzeit erreichen möchten, formulieren Sie so konkret wie möglich. Dabei hilft die SMART-Regel:

SMARTe Ziele

Effektive und konkrete Ziele sind ...

... **S**pezifisch: Formulieren Sie Ihre Ziele so spezifisch wie möglich, bezeichnen Sie also das genaue Ziel. Statt „Theorieteil schreiben" besser: „Grundlagen der Multimediatheorie erklären, wichtige Experimente von Mayer beschreiben".

... **M**essbar: Formulieren Sie Ihre Ziele so, dass Sie auch messen können, ob Sie sie erreicht haben. Das Beispiel von oben wird so noch besser: „500 Wörter zu den Grundlagen der Multimediatheorie schreiben, mindestens zwei wichtige Experimente von Mayer beschreiben".

… **A**ngemessen: In anderen Erklärungen der SMART-Regel finden Sie für den Buchstaben A auch akzeptabel, adäquat oder anspruchsvoll. Gemeint ist, dass Sie das Ziel für wichtig und sinnvoll erachten, und dass das Ziel Sie weder über- noch unterfordert.

… **R**ealistisch: Die Ziele, die Sie sich stecken, sind realistisch erreichbar in der gegebenen Zeit und mit den gegebenen Mitteln. Wenn Sie Ihre Ziele unrealistisch formulieren, werden Sie sie kaum jemals erreichen. Das wäre sehr demotivierend. Überlegen Sie also, ob Ihre Ziele realistisch sind.

… **T**erminiert: Für jedes Ziel sollte es auch einen Termin geben, an dem die Zielerreichung kontrolliert wird. Dadurch, dass Sie die SMARTen Ziele gleich in Ihren Schreib-Stundenplan einarbeiten, haben Sie automatisch immer gleich einen Termin an dem Sie fertig sein sollten.

Fortschritte verfolgen

Damit Sie besser verfolgen können, dass Sie Ihre Ziele erreichen, sollten Sie Ihre Fortschritte auch deutlich vermerken. Streichen Sie erreichte Ziele in Ihrem Kalender ab, oder zeichnen Sie ein Häkchen oder einen Smiley zu den bearbeiteten Aufgaben. Wenn Sie ein Ziel nicht erreicht haben, müssen Sie weiter daran arbeiten. Auch diese Ziele sollten Sie deutlich markieren, z. B. könnten Sie sie mit einem Textmarker anstreichen. Die entsprechenden Aufgaben müssen Sie erneut in Ihren Schreib-Stundenplan einarbeiten.

Oben haben wir es schon einmal geschrieben: Damit die Zeitplanung funktioniert, ist es wichtig, dass Sie sich auch an Ihren Schreib-Stundenplan halten. Behandeln Sie Ihre Schreibzeiten so, wie Sie auch Seminare mit Anwesenheitspflicht, Arzttermine und Verabredungen mit Freunden behandeln: Halten Sie sie ein.

Schreibblockaden

Übrigens: Laut Silvia (2018, S. 45) gibt es so etwas wie eine Schreibblockade in der Wissenschaft nicht: „Academic writers cannot get writer's block." Schreiben ist nach Silvia (2018) ein Verhalten, das darin besteht, dass man sich vor einen Computer setzt und Tasten auf der Tastatur drückt. Der Text, der dabei entsteht, hat ein festes Thema und orientiert sich an wissenschaftlichen Regeln. Eine wissenschaftliche Autorin braucht nicht viel Phantasie oder Inspiration. Deshalb sollte man auch nicht warten, bis einen die Muse küsst, sondern sich einfach hinsetzen und schreiben. Das größere Problem ist eher, dass man sich nicht entscheiden kann, was genau man schreiben soll. Hier helfen dann wieder die SMARTen Ziele. Wenn Sie SMARTe Ziele für Ihre Schreibzeiten formuliert haben, steht fest, was genau Sie tun, und mit welchen Inhalten Sie sich beschäftigen.

Damit Sie die Schreibzeiten gut nutzen, brauchen Sie effektive Strategien, um Ablenkungen zu vermeiden. Schalten Sie Ihr Handy und das Radio oder den Fernseher aus. Wenn Sie nicht gerade im Netz Literatur recherchieren, benötigen Sie auch kein Internet. Wenn Sie Ihren Netzzugang ausschalten, kommen Sie nicht in Versuchung, zwischendurch „mal schnell" Ihre Mails zu checken oder ein bisschen Zeitung zu lesen. Falls Sie kein ruhiges Plätzchen haben, können Sie versuchen z. B. mit Lärmschutzkopfhörern oder Ohrenstöpseln zu arbeiten (siehe Abbildung 8.4).

Ablenkungen vemeiden

Abbildung 8.4 Die Autorin Tatjana Spaeth beim konzentrierten Arbeiten an diesem Buch – mit Lärmschutzkopfhörern. Das Telefon ist übrigens auf lautlos gestellt, E-Mail-Benachrichtigungen sind ausgeschaltet.

Wir wünschen Ihnen viel Erfolg beim Erreichen Ihrer großen und kleinen Schreibziele und auch viel Spaß beim Anfertigen Ihrer Bachelorarbeit in Psychologie. Sie werden sehen: Am Ende macht es einfach stolz, die eigene Arbeit zwischen zwei Deckel binden zu lassen!

Ihre Tatjana Spaeth, Margarete Imhof & Christine Eckert

Literatur

Altvater-Mackensen, N., Jessen, S. & T. Grossmann (2017). Brain responses reveal that face identity discrimination is affected by statistical learning from distributional information in infants. *Developmental Science, 20*, e12393.

American Psychological Association. (2020). *Publication Manual of the American Psychological Association* (7th ed.). Washington, DC: American Psychological Association.

Bellhäuser, H., Konert, J., Müller, A., & Röpke, R. (2018). Who is the Perfect Match? Effects of Algorithmic Learning Group Formation Using Personality Traits. *Journal of Interactive Media (I-Com), 17*(1), 65–77. http://doi.org/https://doi.org/10.1515/icom-2018-0004

Bem, D.J. (1995). Writing a review article for Psychological Bulletin. Psychological Bulletin, 118, 172–177.

Bem, D.J. (2003). *Writing the empirical journal article.* Zugriff am 02.4.2019 unter https://psychology.yale.edu/sites/default/files/bemempirical.pdf

Berti, S., Haycock, B., Adler, J. & Keshavarz, B. (2019). Early cortical processing of vection-inducing visual stimulation as measured by event-related brain potentials (ERP). *Displays, 58*, 56–65. doi:10.1016/j.displa.2018.10.002

Borsch, F. (2005). *Der Einsatz des Gruppenpuzzles in der Grundschule: Förderung von Lernerfolg, Lernfreude und kooperativen Fertigkeiten.* Hamburg, Deutschland: Verlag Dr. Kovac.

Brunner, T. (2010). How weight-related cues affect food intake in a modeling situation. *Appetite, 55*, 507–511.

Cooper, H. (2003). Editorial. *Psychological Bulletin, 129*, 3–9.

Deutsche Gesellschaft für Psychologie. (2016). *Berufsethische Richtlinien des Berufsverbandes Deutsche Psychologinnen und Psychologen e.V. und der Deutschen Gesellschaft für Psychologie.* Verfügbar unter (Zugriff am 2.4.2019) https://www.dgps.de/index.php?id=85#c2001836

Deutsche Gesellschaft für Psychologie. (2019). *Richtlinien zur Manuskriptgestaltung* (5., überarbeitete und erweiterte Aufl.). Göttingen: Hogrefe.

Dignath, C., Büttner, G. & Langfeldt, H.-P. (2008). How can primary school students acquire self-regulated learning most efficiently? A meta-analysis on interventions that aim at fostering self-regulation. *Educational Research Review, 3*, 101–129.

Duke, E. & Montag, C. (2017). Smartphone addiction, daily interruptions and self-reported productivity. *Addictive Behavior Reports, 6*, 90–95. doi:10.1016/j.abrep.2017.07.002

Erdtmann, J.E. (1991). *Für den ersten Eindruck gibt es keine zweite Chance.* München: mvg Verlag.

Fisher, D., Frey, N. & Hattie, J. (2016). *Visible learning for literacy. Implementing the practices that work best to accelerate student learning.* Thousand Oaks, CA: Corwin.

Fitzek, S. (2006). *Die Therapie.* München: Knaur Taschenbuchverlag.

Fitzek, S. (2008). *Der Seelenbrecher.* München: Knaur Taschenbuchverlag.

Freud, S. (1909). *Analyse der Phobie eines fünfjährigen Knaben.* Zugriff am 2.4.2019 unter http://www.psychanalyse.lu/articles/Freud-Hans.pdf

Goeckenjan, I. & Oeberst, A. (2016). Aus Schaden wird man klug? – Die Bedeutung des Rückschaufehlers (Hindsight Bias) für

die strafrechtliche Fahrlässigkeitsbeurteilung. *Recht & Psychiatrie, 34*, 27–34.
Hattie, J. (2011). *Visible learning for teachers*. London: Routledge.
Hilbert, T.S. & Renkl, A. (2008). Concept mapping as a follow-up strategy to learning from texts: What characterizes good and poor mappers? *Instructional Science, 36*, 53–73.
Hilbert, T. & Terrero, Y.M. (2012). Psychologie-Vorlesung aus der Konserve: Lernerfolg einer Vorlesungsaufzeichnung im Vergleich zum Besuch der Präsenzvorlesung. In M. Krämer, S. Dutke & J. Barenberg (Hrsg.), *Psychologiedidaktik und Evaluation IX* (S. 163–170). Aachen: Shaker.
Hussy, W., Schreier, M. & Echterhoff, G. (2013). *Forschungsmethoden in Psychologie und Sozialwissenschaften – für Bachelor*. Berlin: Springer.
Imhof, M. & Spaeth-Hilbert, T. (2013). The role of motivation, cognition, and conscientiousness for academic achievement. *International Journal of Higher Education, 2*, 69–80. doi:org/10.5430/ijhe.v2n3p69
Kornmeier, M. (2018). *Wissenschaftlich schreiben leicht gemacht: Für Bachelor, Master und Dissertation*. Bern, Schweiz: Haupt Verlag.
Labrie, J.W., Napper, L.E. & Ghaidarov, T.M. (2012). Predicting driving after drinking over time among college students: The emerging role of injunctive normative perceptions. *Journal of Studies on Alcohol and Drugs, 73*, 726–730.
Liepmann, D., Beauducel, A., Brocke, B. & Amthauer, R. (2007). *Intelligenz-Struktur-Test 2000 R (I-S-T 2000 R)*. Göttingen: Hogrefe.
Leonhart, R. (2008). *Psychologische Methodenlehre/Statistik*. München: Ernst Reinhardt Verlag.
Makranksy, G., Terkildsen, T. & Mayer, R.E. (2019). Adding immersive virtual reality to a science lab simulation causes presence but less learning. *Learning and Instruction, 60*, 225–236. doi:10.1016/j.learninstruc.2017.12.007
Meinhardt-Injac, B., Boutet, I., Persike, M., Meinhardt, G. & Imhof, M. (2017). From development to aging: holistic face perception in children, younger and older adults. *Cognition, 158*, 134–146. doi:10.1016/j.cognition.2016.10.020
Meinhardt-Injac, B., Persike, M. & Meinhardt, G. (2011). The context effect in face matching: Effects of feedback. *Vision Research, 51*, 2121–2131.
Rost, D. (2013). *Interpretation und Bewertung pädagogisch-psychologischer Studien: Eine Einführung*. Bad Heilbrunn: Julius Klinkhardt.
Schult, J., Münzer-Schrobildgen, M. & Sparfeldt, J.R. (2014). Belastet, aber hochzufrieden? Arbeitsbelastung von Lehrkräften im Quer- und Längsschnitt. *Zeitschrift für Gesundheitspsychologie, 22*, 61–67. doi:10.1026/0943-8149/a000114
Silvia, P.J. (2018). *How to write a lot: A practical guide to productive academic writing*. Washington, DC: American Psychological Association.
Spinath, B., Eckert, C. & Steinmayr, R. (2014). Gender differences in school success: What are the roles of students' intelligence, personality and motivation? *Educational Research, 56*, 230–243. doi:10.1080/00131881.2014.898917
Sternberg R.J. & Sternberg, K. (2010). *The psychologist's companion* (5th ed.). New York, NY: Cambridge University Press.
Sternberg, R.J. (Ed.).(2000). *Guide to publishing in psychology journals*. Cambridge, UK: Cambridge University Press.
Stürmer, S. (2009). *Sozialpsychologie*. München: UTB basics, Ernst Reinhardt Verlag.
Sullman, M.J.M. (2012). An observational study of driver distraction in England. *Transportation Research Part F, 15*, 272–278.
Sweller, J., van Merriënboer, J.J. G. & Paas, F. (2019). Cognitive architecture and instructional design: 20 years later. *Educational Psychology Review, 31*, 261–291. doi:10.1007/s10648-019-09465-5
Theobald, M., Bellhäuser, H. & Imhof, M. (2018). Identifying individual differences using log-file analysis: Distributed learning as mediator between conscientiousness and exam grades. *Learning and Individual Differences, 65*, 112–122. doi:10.1016/j.lindif.2018.05.019

Thorndike, E.L. (1920). A constant error in psychology rating. *Journal of Applied Psychology, 4*, 25–29.

Vesa, T.H., Marteau, P. & Korpela, R. (2000). Lactose Intolerance. *Journal of the American College of Nutrition, 19*, 1655–1755.

Wirtz, M. & Caspar, F. (2002). *Beurteilerübereinstimmung und Beurteilerreliabilität.* Göttingen: Hogrefe.

ZBH (Hrsg.).(2012). *Bachelorarbeiten in Mainz.* Universität Mainz: Transferstelle Bildung.

Sachregister

Abbildungen 80, 84, 95
Abkürzungen 131
Ablenkungen 120, 139, 142, 145
Alltagspsychologie 14, 15
American Psychological Association *siehe* APA
Anonymität 75
APA 44, 45, 47, 48, 51, 80, 83, 84, 95, 118
Ausreißer 86

Besprechungen 136
Betreuerin 95, 102, 105, 107, 108, 132, 134, 136
Blindversuche 66
Boole'sche Operatoren 42, 44

Couch 10
Cronbachs Alpha 72

Datenbank *siehe* Literaturdatenbanken
DBIS 39
Decken- und Bodeneffekte 86
Deduktion 29
Design 76
Deutsche Gesellschaft für Psychologie *siehe* DGPs
DGPs 10, 13, 44, 45, 48, 51, 75, 83, 84, 95, 118, 134, 138
Diskussionsteil 26, 81, 86, 97, 98, 99, 100, 125

ECTS-Punkte 9, 139
Einleitung 32, 34, 98, 102, 117, 121, 122
Eis essen und ertrinken 91
Empirie 13, 14, 17, 37, 55, 104
empirische Bachelorarbeit 17, 18, 19, 20, 25, 56, 76, 82, 104
Ergebnisteil 79, 80, 81, 95, 98, 100, 125
    eines Reviews 118
Ethikkommission 76
ethische Grundsätze 75

Experiment 58
Experimentalgruppe 59
Exposé 136, 142

Fachzeitschrift *siehe* psychologische Zeitschrift
Fehler 1. Art 89, 94
Fehler 2. Art 89
Feinplanung 142
Forschungsfragen 24, 25, 26, 29, 30, 33, 35, 56, 68, 74, 95, 97, 99, 100, 101, 102, 104, 107, 109, 114, 117, 121, 124, 137
Freiheitsgrad 93
Freiwilligkeit 75
F-Test *siehe* Varianzanalyse

Generalisierbarkeit 102
gesunder Menschenverstand *siehe* Alltagspsychologie
Gliederung 36, 130, 137
    des Diskussionsteils 100
    des Methodenteils 76
    des Theorieteils 36
    eines Reviews 113, 116, 117
Grenzen und Schwächen der Arbeit 102, 126
Grobplanung 139
Grundgesamtheit 87, 88, 107
Gütekriterien 69

Hausarbeit 138
    im Vergleich zu Forschungsarbeiten 104
Hypothesen 26, 29, 30, 33, 35, 36, 42, 51, 56, 64, 79, 80, 87, 95, 99, 100, 101, 107, 136

Induktion 28

Kodierungen 77
Konstanthaltung 66
Kontrollgruppe 60
Kontrollvariablen 67

Korrelation 89, 91
  negative 90
  Nullkorrelation 90
  positive 90

Lea 22, 27, 30, 33, 37, 57, 63, 65, 68, 92, 93
Leserinnen und Leser 113, 130
Literaturdatenbanken 39
Literaturrecherche 37, 38, 51, 112, 115, 116

Messen 11, 15, 55, 56, 59, 64, 66, 67, 69, 70, 73, 101
Messfehler 70
Messwiederholung 92
Metaanalysen 17, 107, 109
Methodenteil 53, 54, 76, 77, 142
  eines Reviews 117
Mittelwert 81, 87, 93, 95

Objektivität 56, 68, 69, 70, 73, 77, 115, 133
Objektivität 13
Operationalisierung 55, 67, 68, 101, 115

p 88, 90, 91, 93, 94
Parallelisieren 66
Planung
  mit dem Kalender 140
  mit dem Schreib-Stundenplan 142, 144
  tabellarisch 140
Population *siehe* Grundgesamtheit
Primärstudien 17, 18, 104, 106, 112, 114, 115, 116
Prüfungsordnung 136, 139
Psychologie 10, 11, 13, 14, 15, 16, 24, 40, 45, 47, 51, 70, 75, 108, 110
  Allgemeine Psychologie 10
  Arbeits-, Organisations- und Wirtschaftspsychologie 12
  Biologische Psychologie und Neuropsychologie 11
  Differentielle Psychologie, Persönlichkeitspsychologie und psychologische Diagnostik 11
  Entwicklungspsychologie 11
  Geschichte der Psychologie 13
  Gesundheitspsychologie 12
  Klinische Psychologie und Psychotherapie 10, 12
  Medienpsychologie 12
  Methoden & Evaluation 13

Pädagogische Psychologie 12
Rechtspsychologie 12
Sozialpsychologie 11
Umweltpsychologie 12
Verkehrspsychologie 13
psychologische Zeitschrift 16, 17, 19, 39, 41, 48, 108, 116

Quasiexperimente 58

r 90, 91
Randomisierung 58, 59, 66
Range 86
Reliabilität 68, 70, 71, 72, 73, 77, 107, 112, 115, 133
Reliabilität messen
  durch die Paralleltestmethode 71
  durch die Split-Half-Methode 71
  durch die Wiederholungsmethode 71
  Interne Konsistenz 72
  Interrater-Reliabilität 72
Review 17, 18, 19, 25, 53, 104, 107, 108, 110, 111, 112, 113, 114
  narrativ 17, 106
  systematisch 17, 106, 107
roter Faden 35, 108, 114, 122, 131

Sanduhr 25, 32, 36, 100
Satzbau und Grammatik 128, 132
Schneeballmethode 38, 44
Schreibblockade 144
Schreibstil 128
Sekundärzitate 47
Signifikanzniveau 80, 88
SMARTe Ziele 143, 144
Standardabweichung 82, 87, 93, 95
Standardisierung 59, 69
Statistik 79, 95
  deskriptive 79, 81
  Inferenzstatistik 79, 87
Stichprobe 76, 87, 88, 102, 107
Störche und Babys 90
Störvariablen 65

Tabellen 80, 82, 91, 93, 95
Theorieteil 34, 35, 37, 51, 98, 101, 102, 115, 122, 123, 135, 137, 142
Tipps
  für Besprechungen mit der Betreuerin 136

für die Literaturrecherche 37
für hohe Objektivität 69
für hohe Reliabilität 72
für hohe Validität 73
zum Korrekturlesen und Überarbeiten 102, 129, 132
zum Umgang mit Rückmeldungen 135
zum Zeit- und Selbstmanagement 129, 138, 139
zur Versuchsplanung 57, 60
Tipps zum Schreiben
   allgemein 121, 127, 131
   der Einleitung 32, 122
   des Diskussionsteils 62, 99, 125, 127
   des Ergebnisteils 80, 95, 125
   des Methodenteils 76, 77
   des Theorieteils 35, 51, 123
   eines Reviews 116
Tobias 21, 27, 29, 57, 58, 63, 65, 91, 100, 127
Trunkierung 43
t-Test 92, 93, 94
   für abhängige Stichproben 92
   für unabhängige Stichproben 92

Validität 56, 68, 73, 77, 102, 112, 115, 133
   externe Validität 74, 126
   interne Validität 74, 126
Variablen 64, 77
   abhängige 64, 77, 93, 95
   unabhängige 64, 68, 77, 93, 95
Varianzanalyse 94
Versuchspläne 56, 59, 64

Waltraud und Valerie 20, 27, 29, 37, 57, 58, 59, 63, 65, 82, 94, 95, 126

Zeitschrift *siehe* psychologische Zeitschrift
Zeitschriftenartikel *siehe* psychologische Zeitschrift
Zitat
   direktes 47
   indirektes 46
Zitieren 37, 45, 48, 50, 101, 124, 133
   von Büchern 49
   von Buchkapiteln 50
   von Zeitschriftenartikeln 48
Zufall 88
Zufallsstichprobe 57, 87

α-Niveau 89, 90 *siehe* Signifikanzniveau

Keine Angst vor Empirie!

Markus Pospeschill
Empirische Methoden in der Psychologie
Mit Online-Material.
2013. 274 Seiten. 41 Abb.
utb-M (978-3-8252-4010-3) kt

Gefürchtet, aber unverzichtbar: Kenntnisse empirischer Methoden brauchen Psychologiestudierende in allen Studienphasen und im späteren Berufsleben. Dieses Buch liefert das begriffliche Rüstzeug und überträgt es auf die Planungsschritte einer Untersuchung. Es stellt Methoden der Datenerhebung und Anwendungen empirischer Forschungsprinzipien vor und befähigt dazu, empirische Befunde selbstkritisch zu bewerten.
Damit gelingt die Methodenprüfung ebenso wie das eigene Forschungsprojekt für die Bachelor- oder Masterarbeit.

www.reinhardt-verlag.de

Statistik – leicht gemacht!

Rainer Leonhart
**Psychologische Methodenlehre/
Statistik**
2008. 187 Seiten. 40 Abb. 21 Tab.
Mit 64 Übungsfragen.
Innenteil zweifarbig.
utb-basics (978-3-8252-3064-7) kt

Oftmals ein ungeliebtes Fach – aber fundierte Kenntnisse der Statistik und empirischer Methoden sind für angehende PsychologInnen unverzichtbar! Dieses Basislehrbuch vermittelt die Grundlagen in kompakter Form und hilft beim Pauken für die Prüfung. Die Zusammenstellung und Vermittlung des Lehrstoffes ist insbesondere für Bachelor-Studiengänge geeignet.

www.reinhardt-verlag.de

Pflichtlektüre vor der Klausur

Annemarie Fritz / Walter Hussy / David Tobinski
Pädagogische Psychologie
Inklusive E-Learning-Kurs.
Mit 73 Abbildungen, 9 Tabellen und 91 Kontrollfragen.
3. Auflage 2018. 256 Seiten. 73 Abb. 9 Tab. Innenteil zweifarbig.
utb-basics (978-3-8252-5019-5) kt

Das Buch gibt einen Überblick über menschliches Erleben, Verhalten und Handeln im pädagogischen Kontext und erklärt Prozesse der Erziehung, des Unterrichts und der Bildung. Anschaulich und kritisch werden psychologische Theorien, empirische Belege und ihre Relevanz für die Praxis in Unterricht und Erziehung vorgestellt. Im Buch enthalten ist ein kostenloser Zugang zu dem passenden E-Learning-Kurs auf www.e-study-psychologie.de.

ℝ reinhardt
www.reinhardt-verlag.de

Fit für die Prüfung in A&O-Psychologie

Heinz Schüpbach
Arbeits- und Organisationspsychologie
Mit Online-Material.
2013. 191 Seiten. 25 Abb. 2 Tab.
Innenteil zweifarbig.
utb-basics (978-3-8252-4009-7) kt

Hektik, Stress, Burn-out: Wie lässt sich der Berufsalltag bewältigen? Wie erleben Menschen ihren Arbeitsplatz, wie handeln und entscheiden sie dort? Solche Fragen beantwortet die Arbeits- und Organisationspsychologie.

Das Buch führt in Modelle und Theorien der A&O-Psychologie ein und präsentiert klassische Studien und aktuelle Forschungsergebnisse. Es bereitet optimal auf die Prüfung vor und vermittelt gleichzeitig ein anwendungsbezogenes Verständnis für die Belange des einzelnen Menschen in der Arbeitswelt.

www.reinhardt-verlag.de

Beratung und Therapie im Netz – das Lehrbuch

Christiane Eichenberg / Stefan Kühne
Einführung Onlineberatung und -therapie
Grundlagen, Interventionen und Effekte der Internetnutzung
2014. 238 Seiten. 15 Abb. 25 Tab.
utb-M (978-3-8252-4131-5) kt

In der psychosozialen Beratung und Therapie sind digitale Medien auf dem Vormarsch. Diese kompakte Einführung stellt Forschung und Praxis in den drei Feldern klinischpsychologischer Interventionen im Internetsetting (Information, Beratung, Therapie) mit deren Chancen und Grenzen vor. Erläutert werden Wirksamkeit, mediale Veränderung der therapeutischen Beziehung sowie klinisch relevante Auswirkungen der Internetnutzung. Praxisnahe Methoden, Fragen zu jedem Kapitel und weiterführende Links machen dieses Buch zur unverzichtbaren Ausbildungsgrundlage.

ℝ reinhardt
www.reinhardt-verlag.de

Standardwerk für die psychosoziale Beratung

Susanne Nußbeck
Einführung in die Beratungspsychologie
Mit einem Vorwort von Jörg Fengler.
95 Übungsfragen und Online-Antworten
2019. 221 Seiten. 7 Abb. 3 Tab.
utb-M (978-3-8252-5296-0) kt

Dieses Buch vermittelt psychologisches Grundwissen über Beratungskonzepte und -techniken und führt mit praxisnahen Beispielen in die Anwendungsfelder psychosozialer Beratung ein. Ideal für die Prüfungsvorbereitung: die didaktische Aufbereitung mit Marginalienspalte, Glossar und Übungsfragen mit Online-Antworten.

www.reinhardt-verlag.de

Seelische Verletzungen im Fokus

Christiane Eichenberg /
Peter Zimmermann
Einführung Psychotraumatologie
2017. 177 Seiten. 6 Abb. 5 Tab.
utb-M (978-3-8252-4762-1) kt

Die Psychotraumatologie verzeichnet einen rasanten Zuwachs in Klinik, Forschung und Lehre. Psychische Traumata zu erkennen und zu behandeln wird in psychosozialen Berufen immer wichtiger.
Dieses Buch gibt einen kompakten Einblick in Ätiologie, Diagnostik und Behandlung psychischer Traumata. Fallbeispiele und Interventionsstrategien bereiten auf den Umgang mit traumatisierten Menschen vor. Berücksichtigt wird dabei insbesondere die Rolle von Ressourcen und Resilienz sowie digitaler Medien.

www.reinhardt-verlag.de

Essverhalten und psychische Faktoren

Christoph Klotter
Einführung Ernährungspsychologie
Mit 43 Übungsfragen.
4., aktualisierte Auflage 2020.
283 Seiten. 7 Abb. 5 Tab.
utb-M (978-3-8252-5528-2) kt

Ernährungspsychologie beschäftigt sich mit dem menschlichen Erleben und Verhalten rund um die Nahrungsaufnahme: Wie beeinflussen psychische Faktoren das Essverhalten? Wie entstehen Essstörungen, wie lassen sie sich verhindern bzw. heilen? Wie kann man Menschen zu einem gesunden Essverhalten anleiten und damit ernährungsbedingte Krankheiten vermeiden? Das Lehrbuch führt in psychologische Theorien und Forschungsergebnisse zum Ernährungsverhalten ein und stellt Methoden der Prävention und Intervention vor.

www.reinhardt-verlag.de

Gesundheitspsychologie

Nina Knoll / Urte Scholz / Nina Rieckmann
Einführung in die Gesundheitspsychologie
Mit einem Vorwort von Ralf Schwarzer.
Mit 52 Fragen zum Lernstoff.
4., aktualisierte Auflage 2017.
256 Seiten. 26 Abb. 5 Tab.
utb-M (978-3-8252-4745-4) kt

Diese Einführung informiert über gesundheitspsychologische Theorie und Forschung: Welche Faktoren beeinflussen die Gesundheit (z. B. Stress)? Wie entsteht Risikoverhalten (z. B. Rauchen)? Wie kann man schädliches Verhalten ändern?
Am Beispiel von Herzerkrankungen und Krebs wird gezeigt, wie gesundheitspsychologisches Wissen bei Vorsorge und Therapie umgesetzt wird. Gesundheitsprogramme werden kritisch beleuchtet. Ideal für Einsteiger, die das Fach Gesundheitspsychologie kennen lernen wollen!

ℝ⁄ reinhardt
www.reinhardt-verlag.de